Jutta Westphal

Natur seifen

selber machen

Palmölfrei, plastikfrei, sorgenfrei!

Inhaltsverzeichnis

Vorwort

Vorwort Vorwort

Als ich vor einiger Zeit unter der Dusche stand, traf mich fast der Schlag: Unglaublich, wie viel Plastikmüll dort rumstand! In unserer vierköpfigen Familie hatte jeder mindestens ein Duschgel und ein Shampoo, dazu kamen Spülungen, Conditioner und Kuren sowie – außerhalb der Dusche – verschiedene Bodylotions. Wahnsinn, warum war mir das vorher nie aufgefallen? Da musste es doch was anderes geben!

Ich habe also ein bisschen recherchiert und bin schnell bei hochwertiger, handgesiedeter Naturseife gelandet. Im Gegensatz zu Industrieseife wird diese deutlich schonender hergestellt, enthält keine bedenklichen Inhaltsstoffe und ist so hoch überfettet, dass sie die Haut nicht austrocknet, sondern pflegt. Perfekt, dachte ich mir! Nach dem ersten Duschen mit einer Naturseife war es dann vollends um mich geschehen. Meine Haut war danach nicht nur sauber, sondern fühlte sich auch schön gepflegt an. Nach wenigen Tagen waren daher nicht nur die Duschgelflaschen, sondern auch die Bodylotion-Verpackungen aus unserem Badezimmer verschwunden, und ihnen folgten kurz darauf die Shampooflaschen. Heute ist unser Badezimmer plastikfrei und unserer Haut geht es besser als je zuvor. Toll, oder? Und das ohne großen Aufwand, ohne Verzicht, ohne eine große Umstellung.

Dass man Seife auch selber sieden kann, habe ich erst etwas später entdeckt. Sofort war ich angefixt:

Ich habe mir Bücher zum Thema gekauft, mich in Internetforen angemeldet und bin verschiedenen Seifengruppen auf Facebook beigetreten. Die intensive Beschäftigung mit diesem Thema und das Einlesen waren sehr wichtig für mich, denn dank dem so erworbenen Wissen wurden meine selbstgesiedeten Seifen immer besser.

Mittlerweile verdiene ich meinen Lebensunterhalt mit dem Sieden und Verkaufen von Naturseifen. Ich gebe Workshops und halte Vorträge rund um dieses Thema und freue mich jeden Tag darüber, mich in meinem eigenen Unternehmen REINLAND Seifen mit wertvollen Ölen und Düften beschäftigen zu können.

Das Seifensieden ist nicht nur ein toller Beruf, es ist auch ein wunderbares Hobby. Es gibt nichts Schöneres, als die erste eigene Seife auszuformen und sie nach der Reifezeit (s. S. 22) mit unter die Dusche zu nehmen. Um Ihnen den Einstieg zu erleichtern, habe ich in diesem Buch 20 tolle Rezepte zusammengestellt, die anfängergeeignet sind und natürlich ausschließlich aus natürlichen Zutaten bestehen. Außerdem erwarten Sie eine ausführliche Grundanleitung, viele Informationen rund um die Auswahl der Inhaltsstoffe und zahlreiche Tipps und Tricks aus meiner Siedeküche.

Ich wünsche Ihnen viel Spaß beim Sieden!

Jutta Westphal

Jutta Westphal

8 gute Gründe

Für viele Menschen ist es ungewohnt, für die tägliche Haut- und Haarpflege ein Stück feste Seife zu verwenden, so sehr haben wir uns an all die Flüssigseifen, Duschgels und Shampoos aus Plastikflaschen gewöhnt. Dabei hat ein Stück gute Naturseife wirklich viele Vorteile!

1. Naturseife ist sparsam im Verbrauch.
Beim Duschen oder Händewaschen mit einem Seifenstück verbraucht man nur so viel, wie man tatsächlich benötigt. Wenn die Seife dann nach dem Gebrauch noch gut trocknen kann, reicht ein 100-g-Stück für einen ganzen Monat tägliches Duschen. Anders beim Duschgel: Das wird schnell mal überdosiert, sodass die Hälfte unaufgeschäumt zu Boden tropft und direkt in den Abfluss fließt.

2. Naturseife benötigt keine Plastikverpackung.
Die meisten Flüssigseifen und Duschgels werden in Plastikflaschen und -spendern angeboten. Ein Stück Seife dagegen kommt mit einer Papierbanderole oder einem Karton als Verkaufsverpackung aus. Und wer seine eigene Seife herstellt, kann sogar ganz auf eine Verpackung verzichten.

3. Naturseife ist umweltfreundlich.
Alle Naturseifen, die ich Ihnen in diesem Buch vorstelle, sind rein natürlich und daher vollständig biologisch abbaubar. Wenn Sie dann noch auf hochwertige Zutaten in Bio- und Fairtrade-Qualität achten, handeln Sie gleich doppelt nachhaltig.

für Naturseifen

4. Naturseife pflegt die Haut.
Gute Naturseifen sind rückfettend und pflegen die Haut direkt beim Duschen. Wie stark die Seife pflegt, ist von den verwendeten Ölen und der jeweiligen Überfettung abhängig. Wer seine eigene Seife siedet und seine Haut kennt, kann so die optimale Kombination finden.

5. Naturseife enthält keine Paraffine, Tenside, Silikone oder Mikroplastik.
Naturseifen reinigen und pflegen ausschließlich mit der Kraft der Natur. Für ihre Herstellung werden neben einer Natriumhydroxid-Lauge nur hochwertige Öle und Fette verwendet. Auf Erdölprodukte, künstlich hergestellte Tenside, auffüllende Silikone und Mikroplastik wird vollständig verzichtet.

6. Naturseife vertreibt Bakterien.
Beim Händewaschen sorgt die Seife dafür, dass Bakterien von der Haut abgelöst und mit dem Wasser abgespült werden.

7. Naturseife reist ganz einfach mit.
Sie sind viel unterwegs und reisen oft nur mit Handgepäck? Dann ist ein Stück Naturseife Ihr perfekter Begleiter. Sicher verpackt in einer Seifendose passt es auch noch in die kleinste Tasche. Außerdem kann ein Seifenstück nicht auslaufen und Sie kommen durch jede Flughafenkontrolle, ohne Probleme mit Flüssigkeiten zu haben.

8. Naturseife können Sie selber herstellen.
Wie genau das funktioniert, erfahren Sie hier!

Die richtige Ausrüstung

Wenn Sie Ihre eigene Seife herstellen, haben Sie die Möglichkeit, jeden Inhaltsstoff selbst und mit Bedacht auszuwählen. So entstehen Seifen, die ganz individuell und einzigartig sind und die genau zu den Bedürfnissen Ihrer Haut passen. Damit alles gut gelingt und die Herstellung sicher bleibt, ist es wichtig, die richtige Ausrüstung zu haben.

Schutzkleidung

Natriumhydroxid (NaOH), einer der Hauptrohstoffe beim Seifensieden, ist ätzend. Und das sowohl im festen Zustand (als Pulver oder Plättchen) als auch im flüssigen (als Lauge) und im gasförmigen (als Dampf) Zustand. Aus diesem Grund ist das Tragen von Schutzkleidung genauso wichtig wie das Einhalten der Sicherheitsvorkehrungen (s. S. 16).

Sie benötigen:

▶ **eine Schutzbrille.** Tragen Sie diese unbedingt durchgehend! Schon ein kleiner Spritzer Lauge kann eine dauerhafte Schädigung des Auges hervorrufen.

▶ **Gummihandschuhe,** die möglichst gut passen und dabei genug Bewegungsfreiheit beim Arbeiten lassen. Im Grunde reichen handelsübliche Einmalhandschuhe aus, optimal sind welche mit längerem Schaft.

▶ **Mundschutz.** Beim Herstellen der Lauge entstehen ätzende Dämpfe, welche die Atemwege reizen. Tragen Sie daher stets einen Mundschutz.

▶ **Arbeitskleidung mit langen Ärmeln.** Schützen Sie Ihre Unterarme vor dem Kontakt mit der Lauge oder dem Seifenleim. Da auch die Stoffe leiden, wenn sie in Kontakt mit den ätzenden Materialien kommen, tragen Sie alte Kleidung, bei der Flecken und Löcher nichts ausmachen.

▶ **geschlossene Schuhe.** Würde man mit offenen Schuhen arbeiten, könnte der Seifenleim direkt auf den Füßen landen, wenn er heruntertropft. Achten Sie daher auf geschlossene Schuhe, die Ihre Füße schützen.

13

Arbeitsgeräte

Viele der Utensilien, die Sie zum Seifensieden benötigen, finden Sie in Ihrer Küche. Bitte beachten Sie aber, dass alles, was Sie zum Sieden verwendet haben, nicht mehr zum Kochen genutzt werden sollte. Wählen Sie also möglichst Gegenstände, die Sie nicht mehr benötigen oder ohnehin ersetzen wollten.

Tipp Beschriften Sie einen großen Karton mit „Siedeküche" und gewöhnen Sie sich an, **alle Gerätschaften sofort nach dem Sieden zu reinigen und hineinzulegen.** Die anderen Hausbewohner müssen unbedingt davon abgehalten werden, sich den Kartoninhalt auszuborgen, damit sie nicht aus Versehen mit den teilweise ätzenden Zutaten in Kontakt kommen.

Sie benötigen:

▶ **einen Kochtopf** aus Edelstahl oder Emaille, der eher hoch als breit ist und ein Fassungsvermögen von mindestens 3 l hat.

▶ **einen Messbecher** aus Kunststoff oder aus Glas, um die Lauge anzumischen oder den Seifenleim anzurühren.

▶ **mehrere Kunststoffbecher**, um Zutaten abzuwiegen und bereitzustellen.

▶ **mehrere Löffel** aus Plastik oder Silikon in unterschiedlichen Größen, um Zutaten abzuwiegen, Farben an- und die Lauge umzurühren.

▶ **einen Teigschaber** aus Silikon als „Allzweckwaffe" beim Seifensieden: Sie können damit die Lauge verrühren und den Seifenleim in die Form füllen, und er hilft beim Arbeiten mit verschiedenfarbigen Seifenleimen. Außerdem bekommen Sie damit auch noch die letzten Reste Seifenleim aus dem Topf.

▶ **einen Stabmixer**, um den Seifenleim schnell anzurühren und gründlich zu vermischen. Verwenden Sie einen ganz schlichten, gerne alten Stabmixer; nur aus Edelstahl oder Kunststoff muss er sein und er darf keine Aluminiumteile enthalten.

▶ **zwei Thermometer.** Beim Sieden kommt es auf die richtige Temperatur von Lauge und Ölen an. Um diese zu kontrollieren, eignen sich am besten Glasthermometer aus dem Laborbedarf.

▶ **eine Feinwaage.** Beim Abwiegen des NaOH müssen Sie so genau wie möglich arbeiten, darum empfehle ich dafür eine Feinwaage mit ein bis zwei Nachkommastellen. Sie können die Feinwaage selbstverständlich auch zum Abwiegen der übrigen Zutaten verwenden, dafür reicht aber auch eine normale Küchenwaage aus.

▶ **ein großes, scharfes Küchenmesser**, um in Blockform gegossene Seifen in Scheiben zu schneiden. Wer regelmäßig Seife herstellt, kann sich dafür auch einen Seifenschneider zulegen.

▶ **ein feinmaschiges Plastiksieb.** Damit kein ungelöstes NaOH in die Seife gelangt, wird der Seifenleim durch ein Sieb zu den Ölen und Fetten gegossen. Besonders wichtig ist das Sieb, wenn man die Lauge nicht mit destilliertem Wasser, sondern mit anderen Flüssigkeiten hergestellt hat: In diesen Fällen kann die Lauge dickflüssig, trüb oder verfärbt sein und es ist nicht mehr so leicht zu erkennen, ob sich das gesamte NaOH aufgelöst hat.

▶ **Zeitungspapier, Küchenrolle, Frischhaltefolie.** Decken Sie die Arbeitsfläche großzügig mit Zeitungspapier ab und halten Sie eine Küchenrolle bereit, falls mal was daneben geht oder man schnell einen Löffel abwischen muss. Mit der Folie wird der Seifenleim in der Form abgedeckt.

Seifenformen

Um den dickflüssigen Seifenleim in Form zu bringen, braucht man Behältnisse, in denen er gut aushärten kann. Dafür eignen sich viele Gegenstände.

▶ **Silikon-Küchenformen** für Muffins, kleine Motivkuchen oder Eiswürfel hat wohl jeder zuhause, und sicher sind auch welche dabei, die noch nie zum Einsatz kamen. Ab damit in die Siedeküche! Auch Formen für Toastbrot und Kastenkuchen ergeben perfekte Seifenblockformen. Wichtig ist immer nur, dass die Formen aus Silikon sind.

▶ **Produktverpackungen.** Wer mit offenen Augen einkaufen geht, findet an jeder Ecke tolle Seifenformen: Ab sofort können Sie Tetrapaks, Joghurt-, Quark- oder Margarinebechern zu einem zweiten Leben als Seifenformen verhelfen, anstatt sie direkt zu entsorgen. Die Kunststoffbehälter dafür nur gründlich reinigen.

Tipp In der Weihnachtszeit lohnt sich ein Besuch in der Süßwarenabteilung: Schoko-Nikoläuse stehen, damit sie im Regal nicht umkippen, in Plastikblistern, und die geben entleert tolle Seifenformen ab. Oder wie wäre es mit dem Inlay einer Pralinenschachtel?

▶ **Baumaterialien.** Auch im Baumarkt wird man als Seifensieder fündig: Abflussrohre aus Kunststoff, die es mit verschiedensten Durchmessern gibt, werden ganz schnell zu Seifenformen, indem Sie sie mit Küchenpapier auskleiden und an einem Ende mit Folie dicht verschließen. Und wer etwas handwerkliches Geschick hat, kann sich aus Holz eine Seifenblockform bauen.

▶ **Spezialformen.** Selbstverständlich gibt es, etwa im Bastelfachhandel oder bei Spezialanbietern, auch spezielle Seifenformen in den unterschiedlichsten Ausführungen.

Sicher sieden

Beim Seifensieden werden die Öle und Fette mit einer Lauge aus Natriumhydroxid (NaOH) verseift. Beim Umgang mit dieser hochätzenden Chemikalie müssen unbedingt ein paar Sicherheitsmaßnahmen beachtet werden.

1. Tragen Sie immer Schutzkleidung (s. S. 12)!
2. Markieren Sie den NaOH-Behälter unmissverständlich und bewahren Sie ihn so auf, dass ihn niemand Unbefugtes anfasst.
3. Lassen Sie den NaOH-Behälter nicht offen stehen: NaOH ist hygroskopisch, d.h. es zieht Feuchtigkeit aus der Luft und beginnt sich aufzulösen. Durch einen gut verschlossenen Behälter kann das vermieden werden.
4. Rühren Sie die Lauge vor einem offenen Fenster, unter einer Dunstabzugshaube oder im Freien an: Die dabei entstehenden Dämpfe sind ätzend und reizen die Atemwege.
5. Achten Sie beim Transport der Lauge darauf, nichts zu verschütten.
6. Wenn die Lauge fertig angerührt ist, stellen Sie sie zum Abkühlen an einen Ort außerhalb der Reichweite von anderen Personen, vor allem von Kindern, und von Haustieren.
7. Räumen Sie die Arbeitsfläche immer komplett frei, damit Sie genug Platz zum Arbeiten haben.
8. Nehmen Sie sich ausreichend Zeit, wenn Sie sieden möchten, und sorgen Sie dafür, dass Sie nicht gestört werden. Arbeiten Sie in Ruhe.
9. Achten Sie beim Einsatz des Stabmixers darauf, ihn stets im Leim zu halten und nicht eingeschaltet herauszuziehen, damit das Herumspritzen des Leims verhindert wird.

Mögliche Unfälle und Maßnahmen

Wenn Sie Ihre Schutzkleidung tragen, sind Sie auf der sicheren Seite. Sollte aber doch mal etwas passieren, bleiben Sie unbedingt ruhig!

► Relativ häufig kommt es vor, dass Laugen- oder Seifenleimspritzer auf die Haut gelangen. Meist sieht man diese nicht, aber man spürt ein Kribbeln auf der Haut. Spülen Sie die betroffene Stelle gründlich mit fließendem, warmem Wasser ab.
► Ist Lauge ins Auge gelangt, spülen Sie das Auge unverzüglich unter kaltem Wasser ca. 10–15 Minuten lang aus und rufen Sie den Notarzt.
► Beim Verschlucken von Lauge muss ebenfalls sofort der Notarzt gerufen werden, denn dann besteht Lebensgefahr. Schildern Sie möglichst ruhig und genau, was passiert ist, und folgen Sie den Anweisungen des Notarztes.

Seifensieden gestern und heute

Es war einmal...

Ich werde in meinen Kursen oft gefragt, warum es denn „sieden" heißt, wenn bei mir doch gar nichts gekocht wird. Das ist eine gute Frage. Der Begriff des Siedens ist ein Überbleibsel der traditionellen, althergebrachten Seifenproduktion. In früheren Zeiten wurden die verwendeten Fette zusammen mit der Lauge in einem großen Topf mit viel Wasser gekocht, der Verseifungsprozess dauerte manchmal Tage und musste ständig überwacht werden. Die Seifenmasse, die am Ende auf dem Wasser schwamm, wurde anschließend durch das sogenannte „Aussalzen" gereinigt und von überschüssigem Wasser getrennt.

Schließlich blieb eine sehr harte, „kernige" Seife auf der sogenannten Unterlauge zurück: die Kernseife. Das Glycerin, das bei diesem Prozess freigesetzt wurde und sich im Wasser gelöst hatte, wurde dann durch Destillation wieder vom Wasser getrennt und anderweitig verwendet. Die Kernseife selbst, die nicht rückfettend ist, setzte man als Reinigungsmittel im Haushalt, zum Waschen und zur Körperpflege ein. Oder man schmolz sie ein und veredelte sie mit hautpflegenden Ölen, Glycerin, Farben und Düften zur sogenannten Feinseife.

Heute: das Kaltsiedeverfahren

Bei dem von mir bevorzugten Kaltsiedeverfahren (Cold Process Soap Making) geht man deutlich schonender mit den wertvollen und oft hitzeempfindlichen Rohstoffen um.

Die festen Fette werden nur schonend geschmolzen, die flüssigen Öle werden gar nicht erhitzt, und man vermischt alles bei einer Temperatur von 30–35 °C mit der Lauge. Das beim Verseifungsprozess entstehende, hautpflegende Glycerin verbleibt in der Seife, und durch das Wissen über die Inhaltsstoffe der einzelnen Öle und Fette und deren Verseifungszahl kann die Seife den eigenen Hautbedürfnissen angepasst werden.

Diese Art der Seifenherstellung ist relativ einfach und für jedermann zu Hause durchführbar, wenngleich ein paar Sicherheitsvorkehrungen getroffen werden müssen (s. S. 16).

Grundanleitung

Wenn Sie das erste Mal Seife sieden, machen Sie sich bitte zunächst mit den Sicherheitsvorkehrungen (s. S. 16) vertraut und lesen Sie sich genau durch, was alles benötigt wird (s. S. 12).

Tipp Diese Grundanleitung ist **für alle Rezepte in diesem Buch gültig.** Bitte lesen Sie sich die Siedeanleitung bei jedem Rezept trotzdem aufmerksam durch. Es gibt – abhängig von den verwendeten Inhaltsstoffen – immer mal wieder Abweichungen vom Standard, die ich beim jeweiligen Rezept erkläre.

Die Vorbereitung

1. **Wählen Sie ein Rezept aus und besorgen Sie alle benötigten Zutaten.** Beachten Sie dabei, dass manche Inhaltsstoffe kurzfristig vor Ort nicht verfügbar sein können und dann bestellt werden müssen.

2. **Wenn Sie alle Inhaltsstoffe beisammen haben, bereiten Sie alles so vor, dass Sie sich voll und ganz auf die Seifenproduktion konzentrieren können.** Reservieren Sie sich eine bis zwei Stunden in Ihrem Terminkalender. Schalten Sie das Telefon und die Türklingel aus. Melden Sie sich bei Ihrer Familie ab und bitten Sie darum, nicht gestört zu werden. Sorgen Sie außerdem dafür, dass Ihre Haustiere im Nebenzimmer sind.

3. **Bereiten Sie den Arbeitsplatz vor.** Reinigen Sie alle benötigten Utensilien (s. S. 12), machen Sie die Arbeitsfläche frei und räumen Sie alles weg, was Sie nicht benötigen. Decken Sie die Arbeitsfläche mit Zeitungspapier ab und ziehen Sie Ihre Schutzkleidung (s. S. 12) an.

4. **Wiegen Sie alle benötigten Zutaten und Inhaltsstoffe wie Farb- und Duftstoffe genau ab.** Ich empfehle, dafür eine Feinwaage zu verwenden. Sollten Sie keine solche Waage haben, runden Sie die Stellen hinter dem Komma und wiegen Sie alles zumindest grammgenau ab.

Tipp Benutzen Sie für jede Zutat ein eigenes Gefäß. Es ist nichts ärgerlicher, als wenn man aus Unachtsamkeit zu viel des einem Öls in ein anderes gießt und dadurch das Verhältnis nicht mehr stimmt.

5. **Stellen Sie die Seifenformen bereit**, in die der fertige Seifenleim gegossen werden soll. Mir ist es schon einige Male passiert, dass ich den Seifenleim fertig hatte, dann aber die Form „noch schnell" im Nachbarzimmer suchen musste – kein entspanntes Szenario.

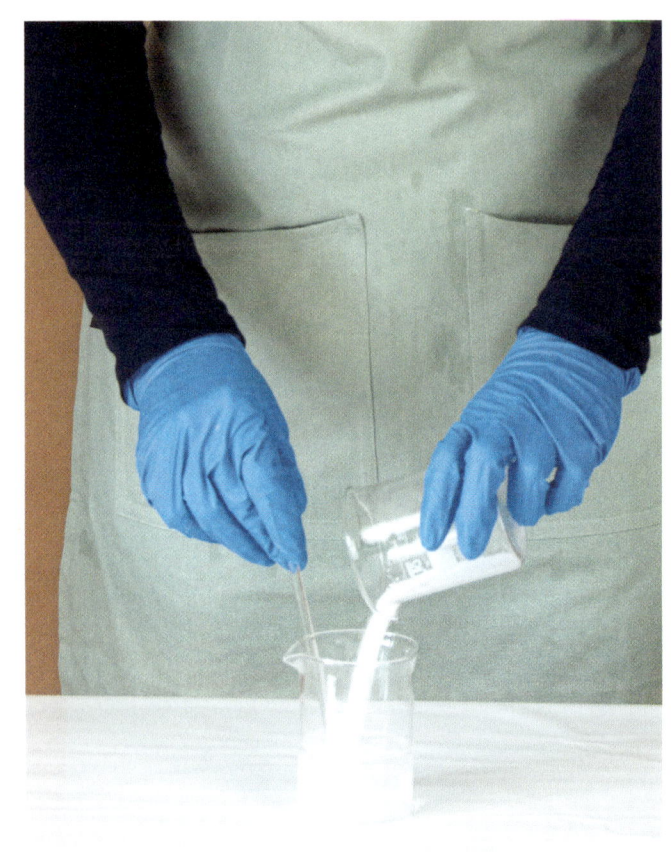

Schritt 7

Schritt 9

Schritt 10

Schritt 11

20

Die Lauge herstellen

6. Die Lauge wird aus Natriumhydroxid
(NaOH, auch Ätznatron genannt) hergestellt,
das in einer Flüssigkeit aufgelöst wird. Dabei
sollten Sie besonders vorsichtig vorgehen, denn
das NaOH ist stark ätzend, sowohl als Pulver als
auch als Lauge und im Dampfzustand. Ich empfehle daher, die Lauge vor einem offenen Fenster,
unter einer Dunstabzugshaube oder im Freien
anzurühren.

7. Lösen Sie das NaOH in der Flüssigkeit auf.
Als Flüssigkeit wird meist destilliertes Wasser verwendet, aber auch andere Flüssigkeiten können
eingesetzt werden. Stellen Sie den Behälter mit
der Flüssigkeit dafür eine Armeslänge entfernt vor
sich, der Untergrund muss stabil sein. Lassen Sie
langsam die benötigte Menge NaOH in das Wasser rieseln – niemals umgekehrt! – und rühren Sie
dabei mit einem Löffel vorsichtig um. Sobald sich
das NaOH aufzulösen beginnt, wird sogenannte
Hydratationsenergie frei. Es entsteht eine Lauge,
die in wenigen Sekunden ca. 90 ° C warm wird
und anfängt zu dampfen. Diese Dämpfe bitte
nicht einatmen, sie reizen die Atemwege.

8. Jetzt muss die Lauge abkühlen. Stellen Sie
sie dazu an einen sicheren Ort außerhalb der
Reichweite von Dritten, vor allem Kindern, und
Haustieren!

Die Gesamtfettmenge vorbereiten

9. Während die Lauge abkühlt, schmelzen Sie die
festen Fette vorsichtig im Wasserbad.

10. Wenn die festen Fette geschmolzen sind,
nehmen Sie das Gefäß aus dem Wasserbad und
geben Sie die flüssigen Fette, also die Öle dazu.
Alles gut mit dem Teigschaber verrühren, bis die
Mischung – Gesamtfettmenge genannt – eine ein-
heitliche Färbung angenommen hat.

11. Falls Sie die Seife einfärben möchten, bereiten
Sie das jetzt ebenfalls vor: Vermischen Sie das
Farbpulver (s. S. 28) in einem eigenen Behälter
mit ein wenig Öl aus Ihrer Gesamtfettmenge; so
lässt es sich im fertigen Seifenleim besser verteilen. Wenn hingegen die ganze Seife eingefärbt
werden soll, geben Sie das Farbpulver direkt in
die Gesamtfettmenge und rühren es gut unter.

Den Seifenleim fertig-stellen

12. **Überprüfen Sie mit einem Thermometer**, ob die Lauge und die Gesamtfettmenge die gleiche Temperatur haben. Diese sollte 30–35 °C betragen. Wenn die Lauge noch zu heiß ist, müssen Sie mit der Weiterverarbeitung warten.

Tipp Sollte die Gesamtfettmenge zwischenzeitlich zu kalt werden, erwärmen Sie sie noch mal im Wasserbad.

13. **Wenn beide Flüssigkeiten die gleiche Temperatur haben**, wird die Lauge langsam durch das Sieb in die Gesamtfettmenge gegossen. Das Sieb hindert Verunreinigungen oder unaufgelöste NaOH-Kristalle daran, in die Fette zu gelangen.

14. **Alles mit dem Teigschaber solange verrühren**, bis sich eine homogene Masse bildet: Das ist der Seifenleim.

15. **Zum Andicken des Seifenleims** kommt der Stabmixer zum Einsatz: vorsichtig immer wieder abwechselnd pürieren und rühren. Auf diese Weise wird die Gesamtfettmenge verseift. Achten Sie darauf, ihn stets im Leim zu halten und nicht eingeschaltet herauszuziehen, damit ein Herumspritzen des Leimes verhindert wird.

16. **Geben Sie nun nach Belieben die Farb- und/ oder Duftzusätze hinzu**, je nach Rezept. Auch diese sehr gut in den Seifenleim einrühren.

17. **Der Seifenleim ist fertig**, wenn die Gesamtfettmenge vollständig verseift, also gleichmäßig mit der Lauge vermischt ist. Man erkennt es daran, dass er die Konsistenz einer Kartoffelcremesuppe annimmt, die Farbe einheitlich ist und keine Öl-schlieren mehr zu erkennen sind.

Die Konsistenz des fertigen Seifenleims wird von verschiedenen Faktoren beeinflusst:

► von den verwendeten Ölen und Fetten,
► von der Verarbeitungstemperatur,
► von der Umgebungstemperatur und der Luft-feuchtigkeit,
► von der Drehzahl des verwendeten Pürierstabs
► von der Pürierdauer.

Die Seife gießen

18. **Füllen Sie den fertigen Seifenleim in die vorbereitete Form** und decken Sie sie mit Frisch-haltefolie ab.

19. **Lassen Sie die Seife aushärten.** Das dauert in der Regel 24–48 Stunden, kann aber von Seife zu Seife variieren – bitte beachten Sie die Angaben im Rezept!

20. **Formen Sie die Seife aus und legen Sie sie zum Reifen** an einen trockenen, luftigen Ort. Die Reifezeit beträgt in der Regel sechs Wochen, doch natürlich gibt es auch hiervon Ausnahmen. Bitte beachten Sie auch hier die Angaben im Rezept!

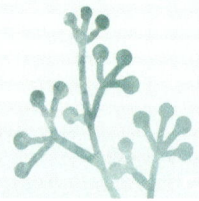

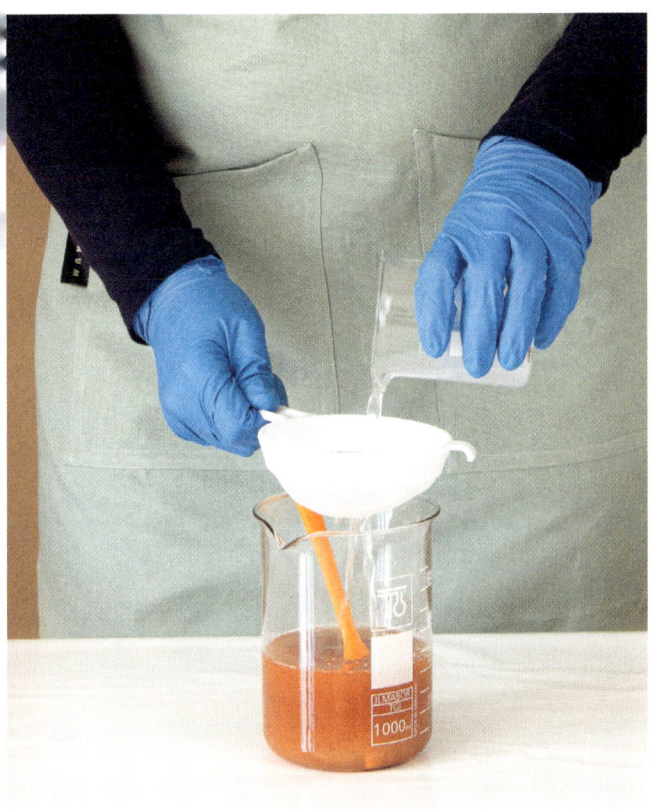

Schritt 13

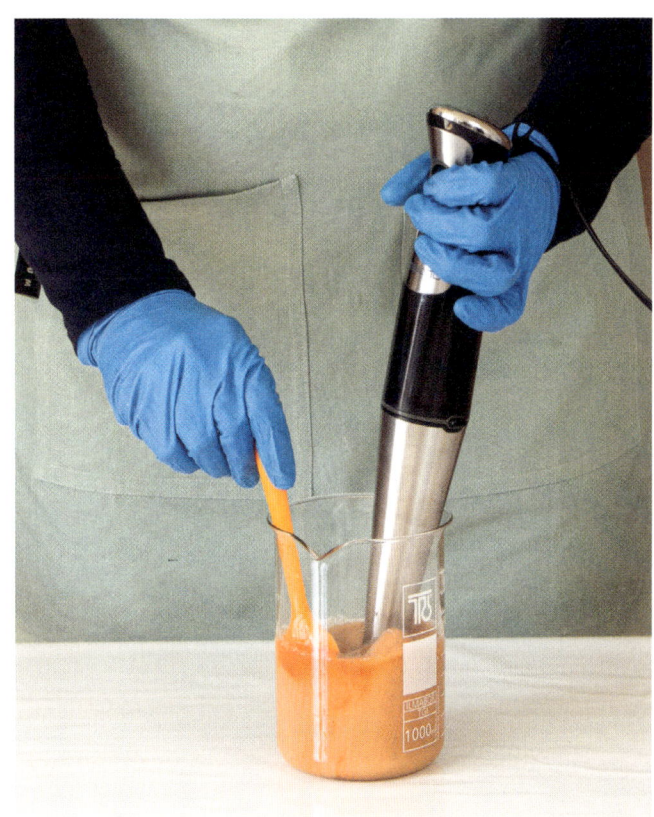

Schritt 15

Schritt 16

Schritt 18

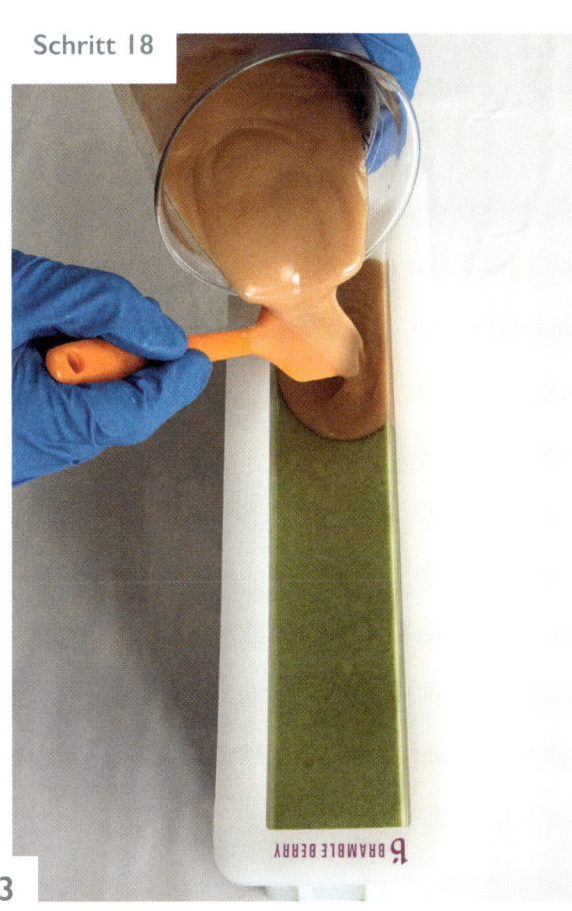

23

Seifenzutaten aus der Natur

Für die Seifen in diesem Buch habe ich ausschließlich pflanzliche Öle und Buttern sowie natürliche Zutaten verwendet. Sie sind wunderbar pflegend und vegan und kommen ganz ohne Erdölprodukte, künstliche Tenside und Mikroplastik aus. Mit den folgenden Zutaten, aufgeführt von A bis Z, können Sie alle diese Rezepte nachsieden, außerdem finden Sie hier Informationen zu Eigenschaften und Besonderheiten der jeweiligen Zutaten. Selbstverständlich ist das nur eine kleine Auswahl. Es gibt noch unzählige weitere Lebensmittel, Öle und Fette, mit denen wunderbare Seifen hergestellt werden können.

Tipp Pflanzenöle werden in unterschiedlichen Qualitäten angeboten:

► nativ, also unbehandelt,
► raffiniert,
► gehärtet,
► deodorisiert,
► kaltgepresst,
► aus erster oder zweiter Pressung,
► in Bio-Qualität.

Natürlich haben diese verschiedenen Qualitäten Einfluss auf die fertige Seife. **Je hochwertiger und unbehandelter das Öl ist,** desto wertvoller ist es für die Seifenherstellung. Ich empfehle Ihnen aber, die ersten Siedeversuche mit günstigen Ölen zu machen, einige werden Sie sicher ohnehin schon in der Küche stehen haben. Wenn Sie dann etwas Erfahrung gesammelt haben, können Sie sich und Ihrer Haut hochwertige, native Bio-Öle gönnen.

Pflanzenöle und –buttern

Aprikosenkernöl Dieses besonders milde und hochwertige Öl eignet sich wunderbar für empfindliche und trockene Haut. Es verleiht der fertigen Seife ein Extraplus an Pflege, bildet aber kaum Schaum.

Tipp Aprikosenkernöl ist auch ein wunderbarer natürlicher Make-up Entferner: einfach auf ein Wattepad geben und sanft über die Haut streichen!

Avocadoöl, nativ, grün Ein reichhaltiges und pflegendes Pflanzenöl, das in der Siedeküche sehr beliebt ist. Der Anteil an unverseifbaren Bestandteilen ist recht hoch, dadurch wird die Haut schön weich und glatt. Natives, grünes Avocadoöl verleiht der Seife zudem eine natürliche, grüne Farbe. Allerdings hat es einen sehr krautigen Geruch, der auch in der fertigen Seife noch wahrnehmbar ist.

Babassu-Öl Wer auf Kokosöl verzichten möchte, ist mit dem brasilianischen Babassu-Öl gut bedient. Es gilt in der Siedeküche ebenfalls als Schaumfett, ist dabei aber milder und weniger austrocknend als Kokosöl. Das Öl mit seinem intensiv-nussigen Geruch ist allerdings auch deutlich teurer.

Distelöl h.o. Als preiswertes Basisöl zum Seifensieden eignet sich am besten High-Oleic-Distelöl, ein besonders ölsäurereiches Öl mit mehr als 65 % einfachen ungesättigten Fettsäuren. Man findet es bei den Frittierfetten.

Tipp Natives Distelöl hingegen sollte nur mit maximal 10% der Gesamtfettmenge in einem Seifenrezept verwendet werden: Es gehört zu den sogenannten Schnellranzern.

Haselnussöl Das gelb-bräunliche, intensiv nussig riechende Öl gilt als sehr stabil und wenig ranzanfällig.

Tipp Wer auf Nüsse, Haselpollen oder Birkenpollen allergisch reagiert, sollte auf dieses Öl verzichten.

Kakaobutter, nativ Diese herrlich nach Schokolade duftende Pflanzenbutter erzeugt in der Seife zwar keinen Schaum, schafft aber ein angenehm-cremiges Hautgefühl. Außerdem macht sie die Seife recht hart. Kakaobutter in Chip-Form, die sehr gut portionierbar ist, finden Sie beim Backbedarf.

Kokosöl, nativ Als klassisches Schaumfett ist Kokosöl aus der Siedeküche nicht wegzudenken. Es hat außerdem eine hohe Reinigungskraft, was gleichzeitig dazu führt, dass ein zu hoher Anteil an Kokosöl die Seife austrocknend wirken lässt. Es wird daher üblicherweise mit anderen pflegenden Ölen kombiniert. Das von mir verwendete native Bio-Kokosöl ist besonders wertvoll und duftet herrlich.

Kürbiskernöl Das dickflüssige Kürbiskernöl hat einen durchdringenden Geruch und färbt den Seifenleim leicht grünlich. Farbe und Duft sind allerdings nicht sehr stabil und verflüchtigen sich mit der Zeit.

Tipp Kürbiskernöl sollte nur mit maximal 10 % der Gesamtfettmenge in einem Seifenrezept verwendet werden: Es gehört zu den Schnellranzern.

Lorbeeröl, fett Das fette Lorbeeröl hat einen charakteristischen Duft, der sehr streng und durchdringend ist. Dieser hält sich auch in der fertig gesiedeten Seife lange. Aufgrund seiner antiseptischen und pflegenden Wirkung ist es trotzdem sehr beliebt als Seifenzutat.

Tipp Vorsicht: Bei empfindlicher Haut kann Lorbeeröl Allergien auslösen.

Mandelöl Ein mildes, hautfreundliches und feuchtigkeitsspendendes Öl, sehr gut verträglich und daher besonders für trockene und empfindliche Haut geeignet. Mit dem Einsatz von Mandelöl macht man nie etwas falsch! Es lässt sich leicht verarbeiten und ergibt eine feste, cremige Seife.

Mangobutter Diese pflegende und feuchtigkeitsspendende Pflanzenbutter wird aus den Kernen der Mango gewonnen und macht die Seifen sehr fest.

Olivenöl, nativ Ein klassisches und sehr beliebtes Öl für die Seifenherstellung. Olivenölseifen sind wunderbar pflegend und mild. Für meine Seifen verwende ich ausschließlich natives Bio-Olivenöl, aber auch preiswertere Varianten kann man gut einsetzen.

Tipp Je höher der Olivenölanteil in einer Seife ist, umso länger sollte sie reifen (s. S. 22).

Rapsöl Das wohl in jedem Haushalt vorhandene Rapsöl ist ein preiswertes Basisöl für die Siedeküche, das regional eingekauft werden kann. Es ist hautfreundlich, schäumt aber nur wenig. Abhängig von der verwendeten Sorte und dem Anteil kann die fertige Seife etwas unangenehm riechen.

Reiskeimöl Das goldgelbe Öl kann als Basisöl eingesetzt werden und sorgt für einen zart-cremigen Schaum. Mit einer Seife mit Reiskeimöl gewaschen, fühlt sich die Haut sofort glatt und weich an. Sie finden das Öl in der Asia-Abteilung.

Rizinusöl Das sehr dickflüssige, farblose Rizinusöl wird in der Siedeküche als Schaumbooster eingesetzt, da es die Schaumkraft der anderen Fette und Öle

unterstützt. Außerdem verleiht es den Seifenstücken eine Extraportion an Pflegeeigenschaften, weswegen ich es nahezu in allen meinen Seifen verwende.

Sesamöl Ein wunderbares Öl bei trockener Haut. Sein intensiver, etwas exotischer Duft hält sich in der fertigen Seife leider nicht, dafür macht es sie besonders pflegend.

Sheabutter Aus Nüssen des afrikanischen Karité-baumes aus Wildsammlung (d.h. von natürlich gewachsenen, nicht vom Menschen kultivierten Bäumen) wird diese reichhaltige Pflanzenbutter gewonnen. Sie ist sehr lange haltbar und hat einen hohen Anteil an unverseifbaren und dadurch besonders pflegenden Bestandteilen.

Sonnenblumenöl h.o. High-Oleic-Öl, besonders ölsäurereich mit mindestens 65 % einfachen ungesättigten Fettsäuren, das sich sehr gut verseifen lässt.

Tipp Natives Sonnenblumenöl hingegen sollte nur mit maximal 10 % der Gesamtfettmenge in einem Seifenrezept verwendet werden: Es gehört zu den sogenannten Schnellranzern.

Traubenkernöl Ein schönes, leichtes Öl, das sich besonders für Seifen zur Pflege fettiger und unreiner Haut eignet.

Tipp Traubenkernöl sollte nur mit maximal 10 % der Gesamtfettmenge in einem Seifenrezept verwendet werden: Es gehört zu den Schnellranzern.

Walnussöl Das angenehm duftende Öl ist ein wunderbares Pflegeöl, das Hautirritationen entgegenwirken soll und die Seife weich macht.

Tipp Walnussöl sollte nur mit maximal 10 % der Gesamtfettmenge in einem Seifenrezept verwendet werden: Es gehört zu den Schnellranzern.

Farbstoffe

Aktivkohle Der Einsatz von Kohle in der Schönheits- und Medizinbranche hat eine gewisse Tradition. In der Siedeküche wird sie verwendet, um die Seifen schwarz zu färben. Gleichzeitig wirkt Aktivkohle, ein feinkörniger Kohlenstoff aus Holz, Torf, Kokosnuss-schalen oder Steinkohle, antibakteriell, bindet Öl, Giftstoffe, Schmutz und Talg und reinigt so die Poren. Sie eignet sich besonders gut für fettige Haut und als Gesichtsseife bei Hautunreinheiten wie Mitessern, Pickeln und Akne, denn sie hinterlässt ein ausgeglichenes Hautgefühl.

Tipp Vorsicht bei trockener Haut: Hier kann eine Seife mit Aktivkohle austrocknen.

Färbende Öle Bestimmte Öle beeinflussen die Seifenfarbe ganz ohne Zugabe weiterer Farbstoffe. Es ist beispielsweise nicht möglich, mit nativem Olivenöl eine weiße Seife zu sieden, denn das Öl verleiht der Seife einen leichten Beige-Gelbstich. Weitere Beispiele: Avocado-Öl und Lorbeeröl färben Seifen grün. Sanddornfruchtfleischöl ergibt ein sattes Orange.

Tipp Das ist eine tolle Spielwiese, probieren Sie einfach mal etwas aus!

Pflanzenfarben, Ölauszüge und Pürees Viele Pflanzenfarben sind leider nicht laugenstabil, sie verfärben sich im Seifenleim braun. Ein häufig nachgefragtes Beispiel dafür ist Rote Bete. Gut funktio-

niert das Einfärben von Seifen hingegen mit Spinat, Blaualgen, Kurkuma, Paprika , Karotten, Indigo und Alkannawurzel. Die meisten kann man als Pulver kaufen und dann entweder mit etwas Öl anmischen oder direkt zum Seifenleim geben. Auch Ölauszüge (s. Tipp S. 45) können daraus hergestellt werden, in diesem Fall verwendet man das gefärbte Öl zum Sieden. Und schließlich kann man die Pflanze selbst pürieren und das Püree dem Seifenleim zugeben.

Tonerden Tonerdepulver gibt es in Weiß, Gelb, Rot, Rosa oder Grün. Tonerden sind oft viele Millionen Jahre alt und bestehen zu 60–80% aus Schluff, dazu kommen Feinsand, Ton und mineralische Bestandteile. Die unterschiedlichen Farben ergeben sich aus verschiedenen Eisen- und Magnesiumoxiden. Am besten mischt man die gewünschte Farbe mit etwas Wasser an und gibt sie dann zum Färben in den Seifenleim (s. S. 65).

Duftstoffe

Ätherische Öle Diese werden mit Hilfe von Wasserdestillation aus Pflanzenteilen gewonnen und können zum Beduften von Seifen eingesetzt werden. Manche Gerüche sind allerdings nicht sehr stabil und verflüchtigen sich schnell, oft schon während der Reifezeit (s. S. 22); dazu gehören etwa Zitrusdüfte wie Orange oder Zitrone. Andere Öle wie z.B. Lavendel sind sehr beständig und duften lange und intensiv. Ich verwende sie meist eher dezent, in einer Dosierung von 3% der Gesamtfettmenge, aber das kann natürlich variiert werden.

Tipp Achtung: Ätherische Öle sind nicht nur Duftstoffe, sie **enthalten auch viele Wirkstoffe, die Allergien oder Kopfschmerzen auslösen können**. Aufgrund dieser Wirkstoffe werden sie bei der Aromatherapie eingesetzt. Informieren Sie sich daher bitte immer vorher gründlich über das jeweilige Öl und seine Wirkungen und Einsatzmöglichkeiten.

Natürliche Parfümöle Einige Anbieter von Duftstoffen haben Parfümöle im Sortiment, die ausschließlich aus natürlichen Inhaltsstoffen bestehen.

Tipp Wenn Sie ein solches Parfümöl einsetzen möchten, führen Sie vorher einen Verseifungstest durch: Einige dieser Kombinationen neigen dazu, den Seifenleim sehr schnell anzudicken oder zu verfärben.

Riechende Öle Einige Öle haben einen starken Eigengeruch, der sich auch noch in der fertig gereiften Seife hält. Besonders bekannt für seinen krautigen Eigengeruch ist das fette Lorbeeröl, aber auch Neemöl, grünes Avocado-Öl und Kürbiskernöl hinterlassen ihre ganz eigene Duftnote.

Tipp Die (unangenehmen) Gerüche, die bei der Herstellung von Lauge mit Flüssigkeiten wie Kaffee oder Essig entstehen, verfliegen meist während der Reifezeit (s. S. 22) und sind in der fertigen Seife nicht mehr wahrzunehmen.

Klassiker mit Olive

mit 12 % Überfettung

Ergibt ca. 7 Seifenstücke à 100 g

Sie brauchen:
135 g destilliertes Wasser
64,84 g NaOH
150 g Kokosöl, nativ
350 g Olivenöl

Außerdem:
Silikonblockform, 21 cm x 6 cm x 10 cm

1 Den Arbeitsplatz vorbereiten und alle Zutaten und Utensilien bereitstellen (s. S. xx).

2 Aus dem destillierten Wasser und dem NaOH eine Lauge herstellen und auf 30–35 °C abkühlen lassen.

3 Bereiten Sie während des Abkühlens die Fette vor: Das Kokosöl im Wasserbad schmelzen, den Behälter aus dem Wasserbad nehmen und das Olivenöl zugeben.

4 Wenn die Öle die gleiche Temperatur wie die Lauge haben, die Lauge durch das Sieb hinzugeben.

5 Zunächst alles mit dem Teigschaber gründlich verrühren, dann abwechselnd mit dem Stabmixer und dem Teigschaber arbeiten, bis eine homogene, dickflüssige Masse entstanden ist.

6 Gießen Sie den fertigen Seifenleim in die Gießform.

7 Um die auf dem Foto sichtbaren ungleichmäßigen Zacken auf dem Seifenstück zu erhalten, lässt man den Seifenleim in der Form erst ein paar Minuten weiter andicken und bringt die Oberfläche dann mit einem Löffel „in Unordnung".

8 Die Gießform mit Frischhaltefolie abdecken und die Seife 48 Stunden aushärten lassen. Dann reifen lassen (s. S. 22).

9 Bei dieser Olivenölseife kann es ein bisschen länger dauern, bis sie bereit zum Ausformen ist. Wer nicht warten will, friert die Gießform über Nacht ein und formt sie am nächsten Tag gefroren aus. Vor dem Schneiden muss man sie dann jedoch auftauen lassen.

Tipp Bei meiner Seife habe ich nach dem Siedevorgang keine Frischhaltefolie über die Form gelegt, um **die Entstehung von Sodaasche** zu provozieren. Die weiße Schicht bildet sich, wenn der Seifenleim während der Aushärtung mit Sauerstoff in Verbindung kommt. Ich mag diesen Look ganz gerne. Sodaasche ist harmlos und kann auch bei ordnungsgemäßer Abdeckung der Seife auftreten. Wenn sie unerwünscht ist und entfernt werden soll, können Sie die Seife mit hochprozentigem Alkohol besprühen oder sie kurz in kochendes Wasser tunken.

Aus der Küche

mit 15% Überfettung

Ergibt ca. 9 Seifenstücke à 50 g

Sie brauchen:
105 g destilliertes Wasser
43,87 g NaOH
100 g Kokosöl, nativ
50 g Kakaobutter
100 g Olivenöl
100 g Sonnenblumenöl h.o.
3 g Kurkuma, gemahlen

Außerdem:
Pappbecher à 200 ml

1 Den Arbeitsplatz vorbereiten und alle Zutaten und Utensilien bereitstellen (s. ab S. 19).

2 Aus dem destillierten Wasser und dem NaOH eine Lauge herstellen und auf 30–35 °C abkühlen lassen.

3 Bereiten Sie während des Abkühlens die Fette vor: Das Kokosöl und die Kakaobutter im Wasserbad schmelzen, den Behälter aus dem Wasserbad nehmen und das Oliven- und das Sonnenblumenöl zugeben.

4 Nun das Kurkuma zu den Ölen geben und gut unterrühren: Die Mischung färbt sich herrlich orange.

5 Wenn die Öle die gleiche Temperatur wie die Lauge haben, die Lauge durch das Sieb hinzugeben.

6 Zunächst alles mit dem Teigschaber gründlich verrühren, dann abwechselnd mit dem Stabmixer und dem Teigschaber arbeiten, bis eine homogene Masse entstanden ist. Nicht wundern: Der Seifenleim bleibt recht flüssig.

7 Gießen Sie den fertigen Seifenleim in die Formen. Für die hier abgebildeten Seifen habe ich einfach Pappbecher verwendet.

8 Nach 48 Stunden können die Seifen aus den Formen genommen werden; die Pappbecher dafür bei Bedarf vorsichtig aufreißen. Nun können die Seifenstücke in Scheiben geschnitten werden. Dann reifen lassen (s. S. 22).

Tipp Die Zutaten für diese Seife hat wohl jeder zuhause und sie sind nahezu überall erhältlich. Damit eignet sich dieses Rezept perfekt für den Einstieg und zum Auspobieren!

Nusstraum

mit 20% Überfettung

Ergibt ca. 6 Seifenstücke à 100 g

Sie brauchen:
Sie brauchen:
15 g Salz
150 g destilliertes Wasser
58,66 g NaOH
150 g Kokosöl, nativ
100 g Sheabutter
100 g Mandelöl, raffiniert
100 g Haselnussöl
50 g Walnussöl
8 g Speisestärke

Außerdem:
Silikonform „Steine" mit 6 Mulden,
ca. 8 cm x 6 cm

1 Den Arbeitsplatz vorbereiten und alle Zutaten und Utensilien bereitstellen (s. ab S. 19).

2 Das Salz im destillierten Wasser auflösen.

3 Aus der Salzlösung und dem NaOH eine Lauge herstellen und auf 30–35 °C abkühlen lassen.

4 Bereiten Sie während des Abkühlens die Fette vor: Das Kokosöl und die Sheabutter im Wasserbad schmelzen, den Behälter aus dem Wasserbad nehmen. Das Mandel-, das Haselnuss- und das Walnussöl miteinander vermischen, die Speisestärke mit einem Schneebesen unterrühren und alles zu den geschmolzenen Fetten geben. Dabei darauf achten, dass nicht so viele Luftblasen im Öl verbleiben.

5 Wenn die Öle die gleiche Temperatur wie die Lauge haben, die Lauge durch das Sieb hinzugeben.

6 Alles mit dem Teigschaber gründlich verrühren. Dann abwechselnd mit dem Stabmixer und dem Teigschaber arbeiten, bis ein homogener, dickflüssiger Seifenleim entstanden ist.

7 Gießen Sie den Seifenleim in die Form und decken Sie diese mit Frischhaltefolie ab.

8 Nach 24 Stunden können die Seifen ausgeformt werden. Dann reifen lassen (s. S. 22).

Tipp Seifenschaum ist eigentlich nichts anderes als von Seifenmolekülen umschlossene Luft. **Damit der Schaum bei der Verwendung der Seife besonders üppig und cremig wird**, setzt man beim Seifensieden sogenannte Schaumfette ein, z. B. natives Kokosöl oder Babassu-Öl. Wenn Sie Rizinusöl hinzugeben, stabilisiert das den Seifenschaum. Alternativ kann man Speisestärke (aus Kartoffeln oder Mais) in den flüssigen Ölen auflösen oder einen Teil des destillierten Wassers durch Reis- oder Kichererbsenwasser ersetzen. Auch ein Sud aus Rosskastanien oder Essig als Laugenflüssigkeit verbessert die spätere Schaumbildung und -stabilität.

Schokomuffins

mit 15% Überfettung

Ergibt ca. 8 Seifenstücke à 70 g

Sie brauchen:
120 g destilliertes Wasser
49,55 g NaOH
100 g Kokosöl, nativ
100 g Kakaobutter
140 g Mandelöl, raffiniert
60 g Rizinusöl
1 TL Backkakao

Außerdem:
Muffinformen aus Silikon oder Papier,
Größe nach Belieben

1 Den Arbeitsplatz vorbereiten und alle Zutaten und Utensilien bereitstellen (s. ab S. 19).

2 Aus dem destillierten Wasser und dem NaOH eine Lauge herstellen und auf 30–35 °C abkühlen lassen.

3 Bereiten Sie während des Abkühlens die Fette vor: Das Kokosöl und die Kakaobutter im Wasserbad schmelzen, den Behälter aus dem Wasserbad nehmen und das Mandel- sowie das Rizinusöl zugeben.

4 Nun den Backkakao zu den Ölen geben und alles gut miteinander vermischen, bis keine Klümpchen mehr vorhanden sind.

5 Wenn die Öle die gleiche Temperatur wie die Lauge haben, die Lauge durch das Sieb hinzugeben.

6 Zunächst alles mit dem Teigschaber gründlich verrühren, dann abwechselnd mit dem Stabmixer und dem Teigschaber arbeiten, bis eine homogene Masse entstanden ist. Nicht wundern: Der Seifenleim bleibt recht flüssig.

7 Gießen Sie den fertigen Seifenleim in die Muffinformen und decken Sie die Formen mit Frischhaltefolie ab.

8 Nach 24 Stunden können die Seifen ausgeformt werden. Dann reifen lassen (s. S. 22).

Peel & Care

mit 18% Überfettung

Ergibt ca. 6 Seifenstücke à 80 g

Sie brauchen:
105 g destilliertes Wasser
41 g NaOH
85 g Kokosöl, nativ
70 g Sheabutter
70 g Rapsöl
70 g Distelöl h.o.
55 g Rizinusöl
1 EL Haferflocken, zart

Außerdem:
6 Joghurtbecher à 100 ml

1 Den Arbeitsplatz vorbereiten und alle Zutaten und Utensilien bereitstellen (s. ab S. 19).

2 Aus dem destillierten Wasser und dem NaOH eine Lauge herstellen und auf 30–35 °C abkühlen lassen.

3 Bereiten Sie während des Abkühlens die Fette vor: Das Kokosöl und die Sheabutter im Wasserbad schmelzen, den Behälter aus dem Wasserbad nehmen und das Raps-, das Distel- und das Rizinusöl zugeben.

4 Die zarten Haferflocken nach Belieben z.B. in der Kaffeemühle noch etwas feiner mahlen, mit 100 ml der Öle vermengen und einweichen lassen.

5 Wenn die Öle die gleiche Temperatur wie die Lauge haben, die Lauge durch das Sieb hinzugeben.

6 Zunächst alles mit dem Teigschaber gründlich verrühren. Dann abwechselnd mit dem Stabmixer und dem Teigschaber arbeiten, bis eine homogene, dickflüssige Masse entstanden ist.

7 Die eingeweichten Haferflocken zum Seifenleim geben und kurz unterpürieren.

8 Verteilen Sie den Seifenleim auf die Becher und decken Sie sie mit Frischhaltefolie ab.

9 Nach 24 Stunden können die Seifen aus den Bechern gedrückt werden. Dann reifen lassen (s. S. 22).

Tipp Bei allen Seifenrezepten in diesem Buch ist die Überfettung angegeben. Doch was bedeutet das eigentlich? **Unter Überfettung versteht man den Teil der hinzugegebenen Fette und Öle, der nicht durch die zugefügte Lauge verseift wird.** Er verbleibt in der Seife, pflegt die Haut während der Anwendung und bewahrt sie vor dem Austrocknen. Der Anteil der Überfettung wird bei der Rezepterstellung festgelegt und berechnet. Je höher die Überfettung ist, desto pflegender, milder und verträglicher ist die fertige Seife. Sie kann durch eine hohe Überfettung aber auch weicher werden und sich so schneller auflösen. Finden Sie selbst heraus, welche Überfettung für Sie am angenehmsten ist, je nach Einsatzzweck. Sie können jedes Rezept in diesem Buch individuell berechnen (s. S. 70) und den Überfettungswert Ihren Bedürfnissen anpassen.

Himalaya-Style

mit 13% Überfettung

Ergibt ca. 6 Seifenstücke à 100 g

Sie brauchen:
24 g Himalaya-Salz
120 g destilliertes Wasser
50,27 g NaOH
100 g Babassu-Öl
60 g Kakaobutter
40 g Aprikosenkernöl
120 g Distelöl h.o.
80 g Rizinusöl
ca. 1 EL Himalaya-Salz als Deko

Außerdem:
Silikonform „Donut" mit 6 Mulden,
Ø ca. 8,5 cm

1 Den Arbeitsplatz vorbereiten und alle Zutaten und Utensilien bereitstellen (s. ab S. 19).

Tipp Soleseife wird sehr hart. Sie sollte unbedingt wie hier in Einzelformen gegossen werden und nicht in eine Blockform, denn sonst könnte sie beim Schneiden splittern.

2 Das Himalaya-Salz im destillierten Wasser auflösen: Das ergibt eine 20%ige Sole.

3 Wenn das Salz vollständig aufgelöst ist, das NaOH hineinrieseln lassen und sorgfältig unterrühren. Die Lauge auf 30–35 °C abkühlen lassen, dabei immer wieder umrühren, damit sich das Salz nicht absetzt. Nicht wundern: Die Sole-Lauge wird milchig-weiß.

4 Bereiten Sie während des Abkühlens die Fette vor: Das Babassu-Öl und die Kakaobutter im Wasserbad schmelzen, den Behälter aus dem Wasserbad nehmen und das Aprikosenkern-, das Distel- und das Rizinusöl zugeben.

5 Wenn die Öle die gleiche Temperatur wie die Lauge haben, die Lauge durch das Sieb hinzugeben.

6 Zunächst alles mit dem Teigschaber gründlich verrühren, dann abwechselnd mit dem Stabmixer und dem Teigschaber arbeiten, bis eine homogene Masse entstanden ist.

7 Bevor Sie den Seifenleim in die Form gießen und mit Frischhaltefolie abdecken, legen Sie in jede Mulde Salzkörner als Deko.

8 Nach 24 Stunden können die Seifen aus den Mulden genommen werden.

9 Anders als die meisten Seifen in diesem Buch benötigt diese Seife drei Monate zum Reifen an einem luftigen, trockenen Ort.

Tipp Salz hat eine antiseptische und feuchtigkeitsregulierende Wirkung auf die Haut, fördert die Durchblutung und macht die Seife zugleich wunderbar mild. **Deswegen eignet sich Soleseife besonders für trockene oder zu Unreinheiten neigende Haut**. Diese hier ist dank Himalaya-Salz auch als Gesichtsseife geeignet.

Gärtners Liebling

mit 12% Überfettung

Ergibt ca. 5 Seifenstücke à 100 g

Sie brauchen:
95 g destilliertes Wasser
45,19 g NaOH
110 g Kokosöl, nativ
110 g Kamillenölauszug mit
   Olivenöl (s. Tipp S. 45)
90 g Avocado-Öl, grün
40 g Rizinusöl
1 TL Mohnsamen, ganz
9 g ätherisches Melissenöl
1 TL Kamillenblüten, ganz

Außerdem:
Getränkekarton, 500 ml

1 Den Arbeitsplatz vorbereiten und alle Zutaten und Utensilien bereitstellen (s. ab S. 19).

2 Aus dem destillierten Wasser und dem NaOH eine Lauge herstellen und auf 30–35 °C abkühlen lassen.

3 Bereiten Sie während des Abkühlens die Fette vor: Das Kokosöl im Wasserbad schmelzen, den Behälter aus dem Wasserbad nehmen und das Kamillen-, das Avocado- und das Rizinusöl zugeben.

4 Wenn die Öle die gleiche Temperatur wie die Lauge haben, die Lauge durch das Sieb hinzugeben.

5 Zunächst alles mit dem Teigschaber gründlich verrühren. Dann abwechselnd mit dem Stabmixer und dem Teigschaber arbeiten, bis eine homogene, dickflüssige Masse entstanden ist.

6 Nun die Mohnsamen und das ätherische Melissenöl unter den Seifenleim mischen.

7 Den Getränkekarton oben aufschneiden und gründlich reinigen. Den Seifenleim hineingießen und mit Kamillenblüten dekorieren. Die Form mit Frischhaltefolie abdecken.

8 Nach 48 Stunden kann die Seife ausgeformt und in Scheiben geschnitten werden. Dann reifen lassen (s. S. 22).

Tipp Tetrapak-Verpackungen gibt es in vielen verschiedenen Größen, teilweise wie hier mit abgerundeten Ecken. Wenn man sie als Siedeform verwendet, haben sie den Vorteil, dass sie so flexibel sind: **Man kann sie immer genau so aufschneiden, wie man es gerade braucht.** Entweder entfernt man die Oberseite oder eine der Seitenwände, und dann kann man die Seife z.B. ganz einfach mit Blüten dekorieren oder mit Farbe gestalten.

Ringel-Rein
mit 15% Überfettung

Ergibt ca. 8 Seifenstücke à 100 g

Sie brauchen:
5 g Ringelblumenblätter, getrocknet
210 g destilliertes Wasser
85,94 g NaOH
170 g Kokosöl, nativ
140 g Kakaobutter
250 g Ringelblumenölauszug mit
    Olivenöl (s. Tipp)
140 g Rizinusöl

Außerdem:
Silikonform „Big Cube" mit 8 Mulden,
5 cm x 5 cm x 5 cm

1 Den Arbeitsplatz vorbereiten und alle Zutaten und Utensilien bereitstellen (s. ab S. 19).

2 Die Ringelblumenblätter in Streifen schneiden, ein paar ganze Blätter für die Deko übrig lassen.

3 Aus dem destillierten Wasser und dem NaOH eine Lauge herstellen und auf 30–35 °C abkühlen lassen.

4 Bereiten Sie während des Abkühlens die Fette vor: Das Kokosöl und die Kakaobutter im Wasserbad schmelzen, den Behälter aus dem Wasserbad nehmen und den Ringelblumenölauszug sowie das Rizinusöl zugeben.

5 Wenn die Öle die gleiche Temperatur wie die Lauge haben, die Lauge durch das Sieb hinzugeben.

6 Zunächst alles mit dem Teigschaber gründlich verrühren, dann abwechselnd mit dem Stabmixer und dem Teigschaber arbeiten, bis eine homogene, dickflüssige Masse entstanden ist.

7 Den fertigen Seifenleim halbieren: Unter eine Hälfte die geschnittenen Blütenblätter mischen, in die Mulden der Form gießen und kurz fest werden lassen. Dann die andere Hälfte vorsichtig mithilfe des Teigschabers darauf geben, jede Mulde mit ganzen Blütenblättern dekorieren und mit Frischhaltefolie abdecken.

8 Nach 24 Stunden können die Seifenstücke aus der Form genommen werden. Dann reifen lassen (s. S. 22).

Tipp Einen **Ringelblumenölauszug mit Olivenöl kann man ganz leicht selbst herstellen**: Sammeln Sie frische Ringelblumenblüten und lassen Sie sie einen bis zwei Tage antrocknen. Dann 2/3 der Blüten in ein gereinigtes Schraubglas geben und mit Olivenöl aufgießen – dabei müssen unbedingt alle Blütenteile vom Öl bedeckt sein, sonst kann sich Schimmel bilden. Das Glas nicht zu fest verschießen und mindestens 14 Tage stehen lassen, dabei regelmäßig umrühren. Dann die Öl-Blüten-Mischung durch ein feines Sieb (alternativ einen Nylonstrumpf) abseihen. Das gewonnene Ringelblumenöl ist nicht nur für die Seifenproduktion geeignet, es pflegt auch raue Haut wieder geschmeidig und wirkt regenerierend, entzündungshemmend und wundheilend.

Ross(kastanien)-Kur

mit 15% Überfettung

Ergibt ca. 5 Seifenstücke à 90 g

Sie brauchen:
100 g Rosskastaniensud (s. Tipp)
42,04 g NaOH
100 g Kokosöl, nativ
50 g Sheabutter
70 g Olivenöl
50 g Rizinusöl
70 g Sesamöl
10 g ätherische Ölmischung „Sommerwind"

Außerdem:
Plastikblister für Schoko-Hohlfiguren (à 100 g) mit 5 Mulden

1 Den Arbeitsplatz vorbereiten und alle Zutaten und Utensilien bereitstellen (s. ab S. 19).

2 Aus dem Rosskastaniensud und dem NaOH eine Lauge herstellen und auf 30–35 °C abkühlen lassen.

Tipp Der milchige Rosskastaniensud wird nach Zugabe des NaOH zuerst kräftig gelb und dann orange-ocker. Der Geruch der Lauge ist nicht sehr angenehm, er verfliegt aber nach der Reifezeit (s. S. 22).

3 Bereiten Sie während des Abkühlens die Fette vor: Das Kokosöl und die Sheabutter im Wasserbad schmelzen, den Behälter aus dem Wasserbad nehmen und das Oliven-, das Rizinus- und das Sesamöl zugeben.

4 Wenn die Öle die gleiche Temperatur wie die Lauge haben, die Lauge durch das Sieb hinzugeben.

5 Zunächst alles mit dem Teigschaber gründlich verrühren, dann abwechselnd mit dem Stabmixer und dem Teigschaber arbeiten, bis eine homogene, dickflüssige Masse entstanden ist.

6 Die ätherische Ölmischung zum Seifenleim geben und alles nochmal gründlich vermischen.

7 Gießen Sie dann den fertigen Seifenleim in die Mulden des Plastikblisters und decken Sie sie mit Frischhaltefolie ab.

8 Nach 24 Stunden können die Seifen aus der Form genommen werden. Dann reifen lassen (s. S. 22).

Tipp Aus Rosskastanien, die im Herbst in Hülle und Fülle zu finden sind, kann man **ganz einfach einen Sud zum Herstellen einer wunderbaren Seife ansetzen.** Dafür werden die Kastanien zerkleinert, in einen Topf gegeben und mit kochendem Wasser bedeckt. Abkühlen und ein bis zwei Stunden ziehen lassen, dann durch ein feines Sieb (alternativ einen Nylonstrumpf) abseihen. Dieselben Kastanien ein zweites Mal übergießen und ziehen lassen, um einen zweiten Sud herzustellen; damit haben Sie ausreichend Flüssigkeit für mehrere Siedevorgänge. Sud, den Sie gerade nicht brauchen, kann eingefroren werden.

Kürbissterne

mit 12% Überfettung

Ergibt ca. 4 Seifenstücke à 110 g

Sie brauchen:
55 g destilliertes Wasser
44,94 g NaOH
90 g Kokosöl, nativ
50 g Kakaobutter
125 g Mandelöl, raffiniert
50 g Rizinusöl
35 g Kürbiskernöl
50 g Kürbispüree, fein
10 g ätherische Ölmischung „Pflegender Rosmarin und Thymian"

Außerdem:
Silikonform „Stern" mit 4 Mulden,
Ø ca. 8 cm

1 Den Arbeitsplatz vorbereiten und alle Zutaten und Utensilien bereitstellen (s. ab S. 19).

2 Aus dem destillierten Wasser und dem NaOH eine Lauge herstellen und auf 30–35 °C abkühlen lassen.

3 Bereiten Sie während des Abkühlens die Fette vor: Das Kokosöl und die Kakaobutter im Wasserbad schmelzen, den Behälter aus dem Wasserbad nehmen und das Mandel-, das Rizinus- und das Kürbiskernöl zugeben.

4 Wenn die Öle die gleiche Temperatur wie die Lauge haben, die Lauge durch das Sieb hinzugeben.

5 Zunächst alles mit dem Teigschaber gründlich verrühren. Dann abwechselnd mit dem Stabmixer und dem Teigschaber arbeiten, bis eine homogene, dickflüssige Masse entstanden ist.

6 Nun das Kürbispüree und die ätherische Ölmischung unterrühren und gut vermischen.

7 Gießen Sie den Seifenleim in die Formen und decken Sie sie mit Frischhaltefolie ab.

8 Nach 24 Stunden können die Seifen aus der Form genommen werden. Dann reifen lassen (s. S. 22).

Tipp Beim Verseifungsprozess, in dem die Öle mit der Lauge reagieren, entsteht Wärme. Diese fällt unterschiedlich stark aus, je nachdem, welche Öle und Zusatzstoffe man zum Herstellen der Seife benutzt. Die Wärmeentwicklung ist oft deutlich zu erkennen, nachdem der Seifenleim einige Zeit in der Form ist. Aus der Mitte heraus wird der Leim dann leicht glasig und dunkel. Die Temperatur der Seife kann in dieser Phase stark ansteigen, kühlt danach aber wieder ab und auch die Farbe ändert sich wieder. Das ist ganz normal und zeigt an, dass ein chemischer Prozess abläuft. Manchmal kommt es vor, dass sich eine Gelphase in einer Blockform nicht bis zum Rand ausbreitet und **im fertigen Seifenstück ein sogenannter Gelkern zu sehen ist.** Das ist jedoch lediglich eine optische Sache und beeinträchtigt die Qualität der Seife nicht.

Rüblis für die Haut

Rüblis für die Haut

mit 12% Überfettung

Ergibt ca. 8 Seifenstücke à 85 g

Sie brauchen:
80 g destilliertes Wasser
64,38 g NaOH
150 g Kokosöl, nativ
75 g Sheabutter
150 g Olivenöl
225 g Mandelöl, raffiniert
50 g Rizinusöl
70 g Karottenpüree, fein
7,5 g ätherisches Bergamotte-Öl
7,5 g ätherisches Litsea-Cubeba-Öl

Außerdem:
Silikonform „Goccia" mit 8 Mulden, Ø 6,5 cm

1 Den Arbeitsplatz vorbereiten und alle Zutaten und Utensilien bereitstellen (s. ab S. 19).

2 Aus dem destillierten Wasser und dem NaOH eine Lauge herstellen und auf 30–35 °C abkühlen lassen.

3 Bereiten Sie während des Abkühlens die Fette vor: Das Kokosöl und die Sheabutter im Wasserbad schmelzen, den Behälter aus dem Wasserbad nehmen und das Oliven-, das Mandel- und das Rizinusöl zugeben.

4 Wenn die Öle die gleiche Temperatur wie die Lauge haben, die Lauge durch das Sieb hinzugeben.

5 Zunächst alles mit dem Teigschaber gründlich verrühren. Dann abwechselnd mit dem Stabmixer und dem Teigschaber arbeiten, bis eine homogene, dickflüssige Masse entstanden ist.

6 Nun das Karottenpüree und die ätherischen Öle einrühren und alles gut vermischen.

7 Verteilen Sie den Seifenleim auf die Formen und decken Sie sie mit Frischhaltefolie ab.

8 Nach 24 Stunden können die Seifen aus den Formen genommen werden. Dann reifen lassen (s. S. 22).

Tipp Für die Verarbeitung in Seife eignen sich neben Karotten- und Kürbispüree auch Avocado-, Bananen- oder Mangopüree. **Wenn man allerdings solche Obst- oder Gemüsepürees in seiner Seife verarbeitet** und in den angedickten Seifenleim gibt, muss der Wasseranteil beim Anrühren der Lauge reduziert werden (s. S. 70): Sonst wird der Seifenleim durch die zusätzliche Flüssigkeit zu dünn. Ein guter Richtwert sind 30 % Flüssigkeit, gemessen an der Gesamtfettmenge; das wären bei diesem Rezept 150 g Wasser, da die Gesamtfettmenge 500 g beträgt. Beim Reduzieren darf das Verhältnis für die Lauge 1 : 1,1 (NaOH : Wasser) nicht unterschreiten. Es muss also immer mindestens 1,1 mal so viel Wasser wie NaOH verwendet werden. Bei diesem Rezept wären das rein rechnerisch 70,82 g Wasser (64,38 g NaOH x 1,1). Um Messfehler zu vermeiden – und weil ich gerade Zahlen lieber mag –, habe ich für dieses Rezept 80 g Wasser verwendet. Die Differenz zu den eigentlich benötigten 150 g Wasser wird durch das Karottenpüree ausgeglichen.

Grünes aus der Dose

mit 15% Überfettung

Ergibt ca. 5 Seifenstücke à 100 g

Sie brauchen:
1 Salatgurke
42,88 g NaOH
90 g Kokosöl, nativ
120 g Olivenöl
90 g Avocado-Öl, grün
50 g Rizinusöl
45 g Aloe-Vera-Saft

Außerdem:
feines Sieb
Chipsdose, rund, 200 g

1 Den Arbeitsplatz vorbereiten und alle Zutaten und Utensilien bereitstellen (s. ab S. 19).

2 Die Salatgurke fein raspeln oder pürieren und durch das feine Sieb ausdrücken. 50 g Gurkensaft auffangen und beiseite stellen.

3 Aus dem Gurkensaft und dem NaOH eine Lauge herstellen und auf 30–35 °C abkühlen lassen.

Tipp Das hellgrüne Gurkenwasser wird nach der Zugabe des NaOH milchig und fängt an unangenehm zu riechen. Der Geruch verfliegt im Laufe der Reifezeit (s. S. 22).

4 Bereiten Sie während des Abkühlens die Fette vor: Das Kokosöl im Wasserbad schmelzen, den Behälter aus dem Wasserbad nehmen und das Oliven-, das grüne Avocado- und das Rizinusöl zugeben.

5 Wenn die Öle die gleiche Temperatur wie die Lauge haben, die Lauge durch das Sieb hinzugeben.

6 Zunächst alles mit dem Teigschaber gründlich verrühren. Dann abwechselnd mit dem Stabmixer und dem Teigschaber arbeiten, bis eine homogene, dickflüssige Masse entstanden ist.

7 Den Aloe-Vera-Saft zugeben und alles noch einmal gut vermischen.

8 Gießen Sie den Seifenleim in die Dose gießen und decken Sie diese mit Frischhaltefolie ab. Zum Aushärten in den Kühlschrank stellen.

9 Nach 48 Stunden kann die Seife aus der Form genommen und geschnitten werden. Dann reifen lassen (s. S. 22).

Tipp Um ein rundes Seifenstück zu erhalten, können Sie eine Chipsdose als Seifenform verwenden. Dazu die Öffnung der Dose mit Frischhaltefolie verschließen, den Deckel über die Folie ziehen und mit Klebefilm fixieren. Dann legen Sie die Dose längs vor sich und schneiden mit einem scharfen Messer den Boden ab; hier wird der Seifenleim eingefüllt. Damit sich die Seife gut aus der Form löst, ein Stück Backpapier zu einer Rolle formen und so in die Dose legen, dass das Backpapier die Innenseite vollflächig berührt.

Aktivkur fürs Gesicht

mit 18% Überfettung

Ergibt ca. 8 Seifenstücke à 60 g

Sie brauchen:
105 g Apfelessig
44,97 g NaOH
105 g Babassu-Öl
55 g Sheabutter
105 g Mandelöl
50 g Rizinusöl
35 g Traubenkernöl
1,5 g Aktivkohle

Außerdem:
Mischgefäß, 500 ml
8 Silikon-Muffinformen „Herz", Ø 7 cm

1 Den Arbeitsplatz vorbereiten und alle Zutaten und Utensilien bereitstellen (s. ab S. 19).

2 Aus dem Apfelessig und dem NaOH eine Lauge herstellen und auf 30–35 °C abkühlen lassen.

3 Bereiten Sie während des Abkühlens die Fette vor: Das Babassu-Öl und die Sheabutter im Wasserbad schmelzen, den Behälter aus dem Wasserbad nehmen und das Mandel-, das Rizinus- und das Traubenkernöl zugeben.

4 Die Aktivkohle in ein separates Gefäß geben, mit 1 TL Öl aus der Gesamtfettmenge anrühren und beiseite stellen.

5 Wenn die Öle die gleiche Temperatur wie die Lauge haben, die Lauge durch das Sieb hinzugeben.

6 Zunächst alles mit dem Teigschaber gründlich verrühren. Dann abwechselnd mit dem Stabmixer und dem Teigschaber arbeiten, bis eine homogene, dickflüssige Masse entstanden ist.

7 Eine Hälfte des Seifenleims zur Aktivkohle geben und mithilfe des Pürierstabs vorsichtig vermischen.

8 Den Kohlen-Seifenleim zur zweiten Hälfte geben und mit dem Spachtel grob vermischen.

9 Verteilen Sie den schwarz-weißen Seifenleim auf die Formen.

10 Nach 24 Stunden können die Seifen aus der Form genommen werden. Dann reifen lassen (s. S. 22).

Tipp Beim Waschen des Gesichts mit Seife bitte stets darauf achten, die Augenpartie auszusparen. Ich empfehle, die Seife in den Händen aufzuschäumen und den Schaum gezielt aufs Gesicht aufzutragen, damit nichts in die Augen gelangt.

Klassiker für Haut & Haar

mit 13 % Überfettung

Ergibt ca. 8 Seifenstücke à 60 g

Sie brauchen:
100 g destilliertes Wasser
43,82 g NaOH
70 g Kokosöl, nativ
90 g Lorbeeröl, fett
150 g Olivenöl
40 g Rizinusöl

Außerdem:
Silikonform, quadratisch, 500 ml

Tipp Die originale Aleppo-Seife, aus Olivenöl und fettem Lorbeeröl bestehend, ist ein Klassiker, der in Syrien seit vielen Jahrhunderten gesiedet wird: Dazu wird das Olivenöl unter Zugabe von Wasser und Sodaasche über riesigen Bodenkesseln bei hohen Temperaturen „gekocht", mit Lorbeeröl versetzt und zum Aushärten auf einen ebenen Untergrund gegossen. Anschließend wird die Seife geschnitten, gestapelt und bis zu 12 Monate getrocknet.

1 Den Arbeitsplatz vorbereiten und alle Zutaten und Utensilien bereitstellen (s. ab S. 19).

2 Aus dem destillierten Wasser und dem NaOH eine Lauge herstellen und auf 30–35 °C abkühlen lassen.

3 Bereiten Sie während des Abkühlens die Fette vor: Das Kokosöl im Wasserbad schmelzen, den Behälter aus dem Wasserbad nehmen und das Lorbeer-, das Oliven- und das Rizinusöl zugeben.

4 Wenn die Öle die gleiche Temperatur wie die Lauge haben, die Lauge durch das Sieb hinzugeben.

5 Zunächst alles mit dem Teigschaber gründlich verrühren, dann abwechselnd mit dem Stabmixer und dem Teigschaber arbeiten, bis eine homogene Masse entstanden ist.

6 Gießen Sie den fertigen Seifenleim in die Form und decken Sie sie mit Frischhaltefolie ab.

7 Nach 48 Stunden kann die Seife ausgeformt werden. Eine weitere Woche aushärten lassen, bevor Sie sie in Scheiben schneiden.

Tipp Um wie hier eine Kordel anzubringen, stechen Sie mit einem Schaschlikspieß vorsichtig ein Loch in die frisch geschnittenen Scheiben und ziehen die Kordel durch.

8 Anders als die meisten Seifen in diesem Buch benötigt diese Seife drei Monate zum Reifen an einem luftigen, trockenen Ort.

Avocado-Traum für Haut & Haar

mit 10 % Überfettung

Ergibt ca. 6 Seifenstücke à 90 g

Sie brauchen:
120 g Apfelessig
56,22 g NaOH
120 g Kokosöl, nativ
200 g Avocado-Öl, grün
80 g Rizinusöl

Außerdem:
Silikonform „Girotondo" mit 6 Mulden
alternativ Silikonform, quadratisch, 500 ml

1 Den Arbeitsplatz vorbereiten und alle Zutaten und Utensilien bereitstellen (s. ab S. 19).

2 Aus dem Apfelessig und dem NaOH eine Lauge herstellen und auf 30–35 °C abkühlen lassen.

Tipp Die Lauge bekommt durch den Apfelessig eine orange-bräunliche, trübe Färbung und einen stechenden Geruch, der im Laufe der Reifezeit (s. S. 22) aber verfliegt.

3 Bereiten Sie während des Abkühlens die Fette vor: Das Kokosöl im Wasserbad schmelzen, den Behälter aus dem Wasserbad nehmen und das grüne Avocado- sowie das Rizinusöl zugeben.

4 Wenn die Öle die gleiche Temperatur wie die Lauge haben, die Lauge durch das Sieb hinzugeben.

5 Zunächst alles mit dem Teigschaber gründlich verrühren, dann kurz mit dem Stabmixer pürieren.

Tipp Achtung! Das grüne, reichhaltige Avocado-Öl und auch der Apfelessig neigen dazu, schnell anzudicken. Daher muss jetzt zügig gearbeitet werden.

6 Verteilen Sie den fertigen Seifenleim auf die Formen bzw. gießen Sie ihn in die große Form. Ist er zu dick geworden zum Gießen, nehmen Sie den Spachtel zu Hilfe. Decken Sie die Formen mit Frischhaltefolie ab.

7 Nach 24 Stunden kann die Seife ausgeformt werden. Dann reifen lassen (s. S. 22).

Tipp Essig ist besonders in Haarseifen eine beliebte Laugenflüssigkeit, da er nicht nur die Schaumstabilität verbessert, sondern dem Haar auch einen schönen Glanz verleiht. **Die im Essig enthaltene Essigsäure neutralisiert allerdings einen Teil des NaOH.** Diese Menge NaOH muss zusätzlich in die Lauge gegeben werden, damit die erwünschte Überfettung trotzdem erreicht wird. Beim Erstellen eines Seifenrezepts mit einem Seifenrechner (s. S. 71) kann die enthaltene Säure angegeben werden und die benötigte Menge NaOH wird entsprechend erhöht. Wer selbst rechnet, multipliziert die Säuremenge mit 0,666 (in diesem Rezept: 120 g Apfelessig mit 5% Säure = 6 g Essigsäure. 6 g x 0,666 = 4 g NaOH, die zusätzlich in die Lauge gegeben werden müssen).

Abreibung mit Koffein-Kick

mit 13% Überfettung

Ergibt ca. 10 Seifenstücke à 90 g

Sie brauchen:
180 g Espresso
76,85 g NaOH
180 g Kokosöl, nativ
60 g Kakaobutter
120 g Haselnussöl
150 g Olivenöl
90 g Rizinusöl
½ TL Kaffeesatz

Außerdem:
Silikon-Blockform
„Kit Bûche Coffee",
25 cm x 90 cm x 70 cm

1 Den Espresso zubereiten und über Nacht einfrieren.

2 Den Arbeitsplatz vorbereiten und alle Zutaten und Utensilien bereitstellen (s. ab S. 19).

3 Aus dem noch gefrorenen Kaffee und dem NaOH eine Lauge herstellen, dazu das NaOH langsam auf das Kaffee-Eis rieseln lassen: Der Kaffee schmilzt dabei. Immer wieder umrühren, bis alles aufgetaut ist. Die Lauge dann auf 30–35 °C abkühlen lassen.

Tipp Die Lauge ist dunkelbraun und eher dickflüssig und riecht unangenehm. Der Geruch verfliegt aber während der Reifezeit (s. S. 22).

4 Bereiten Sie während des Abkühlens die Fette vor: Das Kokosöl und die Kakaobutter im Wasserbad schmelzen, den Behälter aus dem Wasserbad nehmen und das Haselnuss-, das Oliven- und das Rizinusöl zugeben.

5 Wenn die Öle die gleiche Temperatur wie die Lauge haben, die Lauge durch das Sieb hinzugeben.

6 Zunächst alles mit dem Teigschaber gründlich verrühren, dann abwechselnd mit dem Stabmixer und dem Teigschaber arbeiten, bis eine homogene Masse entstanden ist.

7 Für den Peeling-Effekt wird nun der Kaffeesatz eingerührt.

8 Gießen Sie dann den Seifenleim in die Form und decken Sie sie mit Frischhaltefolie ab.

9 Nach 24 Stunden kann die Seife aus der Form genommen und geschnitten werden. Dann reifen lassen (s. S. 22).

Tipp Seit vielen Jahrzehnten wird Kaffee, ob frisch gemahlenes Pulver oder Kaffeesatz, **zum Neutralisieren von Gerüchen eingesetzt**. Das funktioniert auch mit Kaffeeseife, etwa für die Hände nach dem Knoblauch- oder Zwiebelschneiden. Und die Seife pflegt auch noch ganz wunderbar. Prinzipiell können Sie jedes Seifenrezept als Kaffeeseife sieden: dazu einfach die jeweils angegebene Laugenflüssigkeit durch starken Kaffee oder Espresso ersetzen.

Urlaub in Asien

mit 15 % Überfettung

Ergibt ca. 6 Seifenstücke à 110 g

Sie brauchen:
100 g destilliertes Wasser
61,64 g NaOH
125 g Kokosöl, nativ
100 g Mangobutter
125 g Reiskeimöl
100 g Mandelöl, raffiniert
50 g Rizinusöl
50 g Reismilch

Außerdem:
Silikonform „Rose" mit 6 Mulden

1 Den Arbeitsplatz vorbereiten und für die Herstellung der Lauge alle Zutaten und Utensilien bereitstellen (s. ab S. 19).

Tipp Da Milch (auch pflanzliche) dazu neigt, den Seifenleim aufzuheizen, muss möglichst kühl, also bei Zimmertemperatur, gearbeitet werden. Stellen Sie darum für dieses Rezept die Lauge am Tag vor dem Sieden her.

2 Aus dem destillierten Wasser und dem NaOH eine Lauge herstellen und auf Zimmertemperatur abkühlen lassen.

Tipp Das Behältnis mit der Lauge gut kennzeichnen und über Nacht sicher aufbewahren.

3 Am nächsten Tag erneut den Arbeitsplatz vorbereiten und für die Fertigstellung der Seife alle Zutaten und Utensilien bereitstellen.

4 Bereiten Sie die Fette vor: Das Kokosöl und die Mangobutter im Wasserbad schmelzen, den Behälter aus dem Wasserbad nehmen und das Reiskeim-, das Mandel- und das Rizinusöl zugeben.

5 Die Öle auf Zimmertemperatur abkühlen lassen, dann die Lauge durch das Sieb hinzugeben.

6 Zunächst alles mit dem Teigschaber gründlich verrühren, dann abwechselnd mit dem Stabmixer und dem Teigschaber arbeiten, bis eine homogene Masse entstanden ist.

7 Die Reismilch hinzugeben und alles gründlich vermischen.

8 Verteilen Sie den Seifenleim auf die Formen, decken Sie sie mit Frischhaltefolie ab und stellen Sie sie in den Kühlschrank.

9 Nach 24 Stunden können die Seifen ausgeformt werden. Dann reifen lassen (s. S. 22).

Tipp Milch ist ein exzellenter Seifenbestandteil, denn sie macht die Seife schön cremig. Und hat nicht Kleopatra schon in Milch und Honig gebadet? Ich rühre die Milch immer in den fertigen Seifenleim und stelle dafür die Lauge mit weniger Wasser her (aber nie weniger als 1,1 mal so viel wie NaOH, s. Tipp S. 50!). Und egal, ob man tierische oder Pflanzenmilch verwendet, stets ist zu beachten, **dass sie den Seifenleim erhitzen kann**. Aus diesem Grund sollten Sie in kühler Umgebung arbeiten, Einzelformen verwenden statt einer großen Blockform und die Formen zum Aushärten in den Kühlschrank stellen.

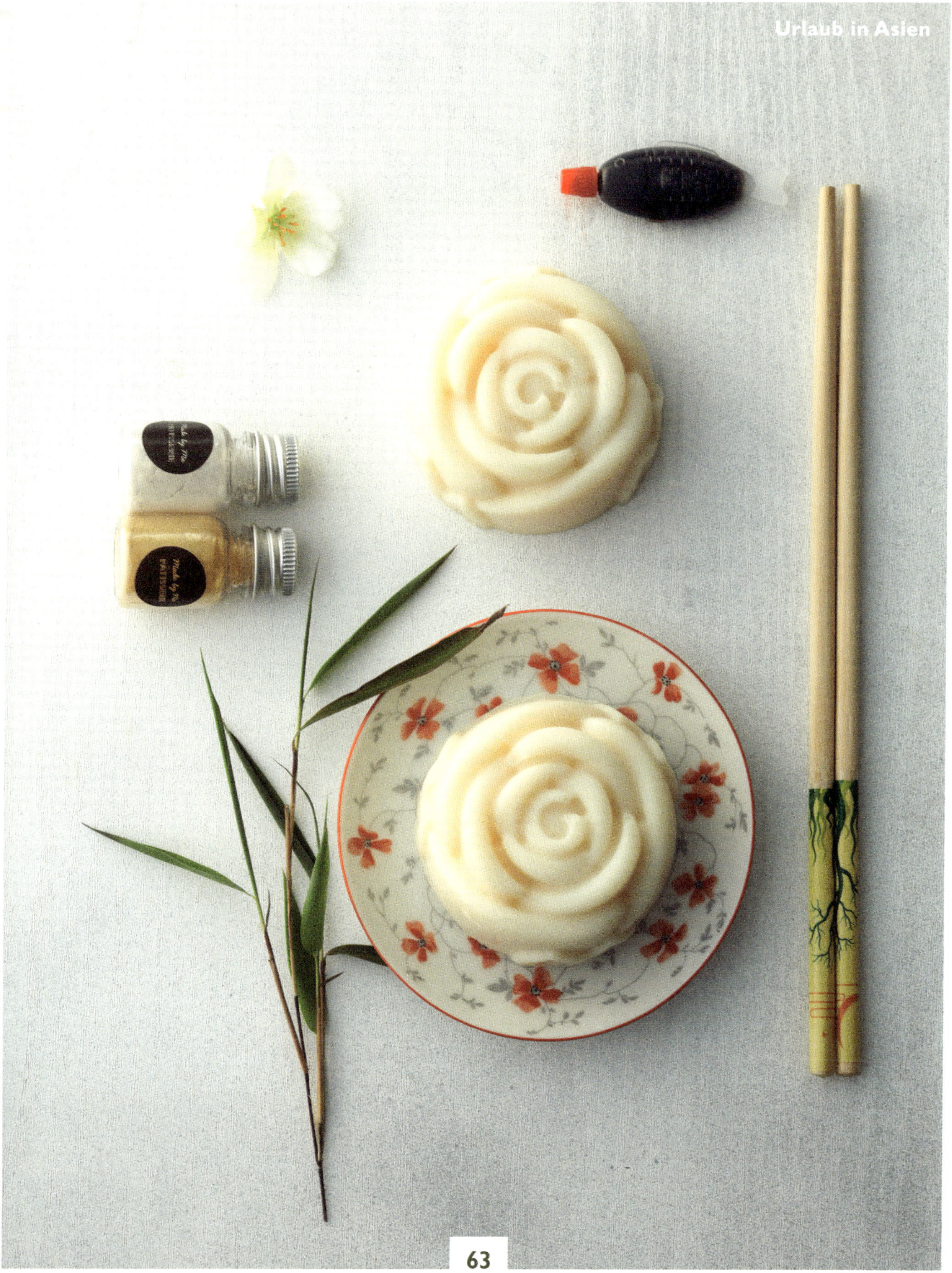

Streifenlook

mit 12% Überfettung

Ergibt ca. 11 Seifenstücke à 100 g

Sie brauchen:

270 g destilliertes Wasser
113,82 g NaOH
225 g Kokosöl
180 g Sheabutter
225 g Mandelöl
180 g Distelöl h.o.
90 g Rizinusöl
½ TL Tonerde, grün

½ TL Tonerde, gelb
½ TL Tonerde, rot
21 g natürliches Parfümöl „Spanish Tangerine & Asian Clove"

Außerdem:

3 Mischgefäße à 500 ml
Silikonblockform, 30 cm x 6 cm x 10 cm

1 Den Arbeitsplatz vorbereiten und alle Zutaten und Utensilien bereitstellen (s. ab S. 19).

2 Aus dem destillierten Wasser und dem NaOH eine Lauge herstellen und auf 30–35 °C abkühlen lassen. In drei gleich große Portionen teilen.

3 Bereiten Sie während des Abkühlens die Fette vor: Das Kokosöl und die Sheabutter im Wasserbad schmelzen, den Behälter aus dem Wasserbad nehmen und das Mandel-, das Distel- und das Rizinusöl zugeben. In drei gleich große Portionen teilen.

4 Die verschiedenfarbigen Tonerden jeweils in einem eigenen Mischgefäß mit etwas Wasser glattrühren.

5 Wenn die Öle die gleiche Temperatur wie die Lauge haben, geben Sie die erste Portion Lauge durch das Sieb zur ersten Portion Öle.

6 Zunächst alles mit dem Teigschaber gründlich verrühren. Dann abwechselnd mit dem Stabmixer und dem Teigschaber arbeiten, bis eine homogene, dickflüssige Masse entstanden ist.

7 Nun die erste der Tonerden und 1/3 des natürlichen Parfümöls zugeben, alles gut vermischen.

8 Gießen Sie die erste Portion Seifenleim in die Form.

9 Die Schritte 6 bis 8 für die anderen beiden Portionen und die anderen beiden Tonerden wiederholen.

10 Gießen Sie die beiden weiteren Portionen Seifenleim jeweils vorsichtig mithilfe des Spachtels in die Form, damit sich die Farben nicht mischen. Die vollständig gefüllte Form mit Frischhaltefolie abdecken.

11 Nach 24 Stunden kann die Seife ausgeformt und geschnitten werden. Dann reifen lassen (s. S. 22).

Tipp Bei einer Streifenseife ist zu beachten, dass die einzelnen Seifenleime leicht angetrocknet sind, bevor man die nächste Schicht einfüllt. Man darf aber auch nicht zu lange warten, **sonst verbinden sich die Schichten nicht richtig** und beim Schneiden lösen sie sich voneinander.

Shea-Häschen

mit 13 % Überfettung

Ergibt ca. 6 Seifenstücke à 90 g

Sie brauchen:
140 g destilliertes Wasser
48,77 g NaOH
100 g Kokosöl
200 g Sheabutter
100 g Rizinusöl

Außerdem:
Silikonform „Kaninchen" mit 6 Mulden

Tipp Bei Rezepten wie diesem mit einem **hohen Anteil an festen Fetten** kann der Seifenleim beim Pürieren schnell andicken. Darum muss mehr Flüssigkeit verwendet werden; bei diesem Rezept liegt der Wasseranteil bei 35 % der Gesamtfettmenge, normalerweise sind es 30 %. Trotzdem sollte der Seifenleim beim Pürieren genau im Auge behalten werden. Sobald er anfängt anzudicken, gießen Sie ihn zügig in die Form.

1 Den Arbeitsplatz vorbereiten und alle Zutaten und Utensilien bereitstellen (s. ab S. 19).

2 Aus dem destillierten Wasser und dem NaOH eine Lauge herstellen und auf 30–35 °C abkühlen lassen.

3 Bereiten Sie während des Abkühlens die Fette vor: Die Sheabutter und das Kokosöl im Wasserbad schmelzen, den Behälter aus dem Wasserbad nehmen und das Rizinusöl zugeben.

4 Wenn die Öle die gleiche Temperatur wie die Lauge haben, die Lauge durch das Sieb hinzugeben.

5 Zunächst alles mit dem Teigschaber gründlich verrühren, dann abwechselnd mit dem Stabmixer und dem Teigschaber arbeiten, bis eine homogene, dickflüssige Masse entstanden ist.

Tipp Vorsichtig, aber zügig arbeiten, der Seifenleim kann schnell andicken!

6 Gießen Sie den fertigen Seifenleim in die Gießform und decken Sie sie mit Frischhaltefolie ab.

7 Nach 24 Stunden kann die Seife ausgeformt werden. Dann reifen lassen (s. S. 22).

Schwimmende Pflege

Schwimmende Pflege

mit 10% Überfettung

Ergibt ca. 10 Seifenstücke à 50 g

Sie brauchen:

105 g destilliertes Wasser
45,37 g NaOH
105 g Kokosöl
140 g Sheabutter
70 g Distelöl h.o.
35 g Rizinusöl

Außerdem:

Spritztülle
Backpapier

Tipp Wenn Sie die Fette und Öle aus diesem Rezept nicht mit einer Lauge verseifen, sondern lediglich aufschlagen, **können Sie sie wunderbar als Bodylotion verwenden**. Für diesen Fall würde ich allerdings eine kleinere Menge empfehlen, etwa 100 g Fette und Öle insgesamt. In ein Schraubglas abfüllen und nach dem Duschen als Extrapflege einmassieren. Herrlich!

1 Den Arbeitsplatz vorbereiten und für die Herstellung der Lauge alle Zutaten und Utensilien bereitstellen (s. ab S. 19).

Tipp Für diese Seife wird der Seifenleim aufgeschlagen und nicht verrührt. Die so eingearbeitete Luft sorgt dafür, dass die Seife schwimmt. Damit das Aufschlagen gut funktioniert, muss sehr kalt gearbeitet werden. Darum stelle ich für dieses Rezept die Lauge am Tag vor dem Sieden her.

2 Aus dem destillierten Wasser und dem NaOH eine Lauge herstellen, abkühlen lassen und über Nacht in den Kühlschrank stellen.

Tipp Das Behältnis mit der Lauge eindeutig kennzeichnen!

3 Am nächsten Tag erneut den Arbeitsplatz vorbereiten und für die Fertigstellung der Seife alle Zutaten und Utensilien bereitstellen.

4 Bereiten Sie dann die Fette vor: Das Kokosöl und die Sheabutter bei Zimmertemperatur mit dem Stabmixer gut aufschlagen. Das Distel- und das Rizinusöl langsam zugeben, dabei weiterschlagen, damit die Masse nicht zusammenfällt.

5 Wenn alles gut vermengt ist, die kalte Lauge durch das Sieb hinzugeben, dabei ständig weiterschlagen.

6 Füllen Sie dann den Seifenleim in einen Spritzbeutel, spritzen Sie kleine Seifenhaufen auf ein Backpapier und lassen Sie diese aushärten. Dann reifen lassen (s. S. 22).

Tipp Sollten die Haufen zu schnell zusammenfallen, den Seifenleim im Spritzbeutel etwas andicken lassen und erneut versuchen.

Seifenrezepte anpassen und

Nun haben Sie schon ein paar Seifen gesiedet und möchten vielleicht die Mengen oder die Überfettungsgrade anpassen. Und sicher haben Sie Lust bekommen, eigene Rezepte zu erstellen. Nichts wie los!

1. Ein paar Fragen zu Anfang

Beim Berechnen eines eigenen Seifenrezeptes spielen die zur Verfügung stehenden Öle und Fette eine Hauptrolle. Fragen Sie sich daher, bevor Sie beginnen:

► Welche Öle möchte ich verseifen?
► Wie hoch soll der jeweilige Anteil sein?
► Wie hoch soll die fertige Seife überfettet sein?

Tipp Verlassen Sie sich bitte bei allen Rezepten, die Sie irgendwo finden, nie auf die angegebenen Mengen! Es kann immer zu Druckfehlern kommen. Rechnen Sie daher alle Rezepte unbedingt immer mit einem Seifenrechner (s. Tipp S. 71) nach.

2. Die Fette und Öle auswählen

Als Faustregel gilt: Ein ausgewogenes Seifenrezept besteht aus

► 25–30% Schaumfetten,
► 20–25% festen Fetten,
► 10–20% pflegenden Ölen,
► 25–30 % Basisölen.

Auf dieser Grundlage – natürlich nur eine Empfehlung, Variationen sind immer möglich! – können Sie die Öle und Fette zusammenstellen.

Tipp Durch die verschiedenen Fettsäuren und Inhaltsstoffe beeinflusst jedes Öl und jedes Fett die Eigenschaften der fertigen Seife: Wird sie eher hart oder weich, schäumt sie gut, ist sie mild oder hat sie eine besonders starke Reinigungskraft? Die ge-

wünschte Beschaffenheit der Seife sollte maßgeblich sein für Ihre Auswahl.

3. Die Flüssigkeitsmenge berechnen

Die Basis für die Berechnung der Flüssigkeitsmenge bildet die Gesamtfettmenge. Als Richtwert benötigt man eine Flüssigkeitsmenge von 30 % der Gesamtfettmenge, um die Lauge anzurühren. Möchte man also aus 500 g Gesamtfettmenge eine Seife sieden, benötigt man 150 g Flüssigkeit für die Herstellung der Lauge. Die Flüssigkeitsmenge kann aber je nach Spezialfall auch reduziert oder erhöht werden.

Tipp Die Lauge muss immer mindestens im Verhältnis 1 : 1,1 (NaOH : Flüssigkeit) hergestellt werden. Um einen Teil NaOH aufzulösen, muss man also immer mindestens 1,1 Teile Flüssigkeit verwenden. Beispiel: Für das Auflösen von 64,38 g NaOH benötigen Sie mindestens 70,82 g Flüssigkeit.

4. Die NaOH-Menge berechnen

Die richtige Menge Natriumhydroxid (NaOH) ist extrem wichtig. Nur wenn diese stimmt, gelingt die Seife, also nur dann wird sie pflegend und mild. Die Berechnung ist eigentlich recht einfach und geschieht auf Grundlage der sogenannten Verseifungszahlen. Die Verseifungszahl, die jedes Öl und jedes Fett hat, gibt an, wie viele gebundene und freie Ölsäuren jeweils enthalten sind. Gleichzeitig sagt sie aus, wie viel NaOH (in mg) notwendig ist, um die in 1 g Öl bzw. Fett enthaltenen Säuren zu neutralisieren und das Öl bzw. Fett zu verseifen.

Tipp Die Verseifungszahlen kann man im Internet nachschlagen. Es handelt sich immer um Durchschnittswerte und die Zahlen für ein und dasselbe Öl können von Quelle zu Quelle variieren. Das ist aber nicht schlimm: Da Öle und Fette Naturprodukte sind und die Rohstoffe natürlichen Qualitätsschwankun-

eigene Rezepte erstellen

gen und Sortenbesonderheiten unterliegen, kann es keinen fixen Wert geben.

Um die für Ihr Rezept benötigte Menge an NaOH zu berechnen, gehen Sie folgendermaßen vor:

1. Listen Sie die Öle und Fette auf, die Sie verwenden möchten, mitsamt der Mengen (in g).

2. Bestimmen Sie den gewünschten Überfettungsgehalt der Seife.

3. Berechnen Sie für jedes Öl und Fett die Menge an NaOH nach folgender Formel:
(Ölmenge in g x Verseifungszahl) – Prozentsatz der Überfettung = benötigte Menge NaOH in g
Beispielrechnung: Die Verseifungszahl von Olivenöl ist 0,1345. Für ein Rezept mit 10 % Überfettung werden 80 g Olivenöl benötigt.
(80 x 0,1345) – 10% = 9,68 g NaOH

4. Addieren Sie die Einzelergebnisse.

Tipp Wer die Berechnungen nicht selber machen möchte, kann **auf einen Seifenrechner zurückgreifen**. Davon gibt es viele online, z.B. unter www.handmade-by-kathrin.de. Diese Rechner machen anhand der verwendeten Ölsäuren zudem eine Aussage zu den voraussichtlichen Eigenschaften der Seife. Das ist gerade für Einsteiger perfekt, denn man sieht so direkt, ob das selbst erstellte Rezept stimmig ist. Ich mache das selber gerne, überschlage die Rezepte aber auch immer mal wieder im Kopf gemäß der Formeln oben, um zu prüfen, ob die Ergebnisse ungefähr übereinstimmen.

Glossar

Gelphase
Nach dem Abfüllen in die Form findet die Verseifung statt. Dabei entwickelt der Seifenleim Wärme. Je nach Inhaltsstoffen kann die Seife in dieser Phase dunkel, glasig und gelartig werden. Der Gelkern entwickelt sich meist aus der Mitte heraus und breitet sich bis zum Rand der Seife aus. Das ist eine ganz natürliche Reaktion. Möchte man die Gelphase verhindern – beispielsweise bei Milchseifen –, siedet man bei möglichst niedrigen Temperaturen und stellt die Seifenform zum Aushärten in den Kühlschrank.

Gesamtfettmenge
Das Gesamtgewicht aller in einem Seifenrezept enthaltenen Öle und Fette, ohne Flüssigkeiten und Zusätze. Ausgehend von dieser Menge werden die anderen Inhaltsstoffe berechnet.

Klaus
Der gemeine Seifenkobold heißt Klaus. Wenn beim Sieden etwas schiefläuft, sagt man: „Klaus war zu Besuch!"

Laugenflüssigkeit
Meist verwendet man zur Herstellung der Lauge destilliertes Wasser, es funktioniert aber auch mit Tee, Kaffee, Essig, Hydrolat und anderen Flüssigkeiten.

Schnellranzer
Öle mit einem hohen Anteil an mehrfach ungesättigten Fettsäuren sind besonders hautpflegend, sie neigen aber auch dazu, schnell ranzig zu werden. Sie sollten daher nur maximal mit 10 % der Gesamtfettmenge in einem Rezept eingesetzt werden. Möchte man trotzdem einmal mehr Schnellranzer-Öle in einem Rezept verarbeiten, empfiehlt es sich, die Seife nach der Reifezeit (s. S. 22) einzufrieren und immer nur stückweise zur Benutzung aufzutauen. Zu den Schnellranzer-Ölen gehören beispielsweise Hanföl, Sonnenblumenöl, Distelöl, Traubenkernöl, Walnuss-öl, Maiskeimöl und Leinöl.

Seifenleim
Sobald die Öle und Fette mit der Lauge reagieren, spricht man vom Seifenleim. Dieser hat meist die Konsistenz einer Cremesuppe, kann aber auch so dickflüssig werden wie frisch gekochter Pudding.

Sodaasche
Diese weiße, pulvrige Schicht auf der Oberseite der Seife kann entstehen, wenn der frisch abgefüllte Seifenleim mit CO_2 in Berührung kommt, bevor der Verseifungsprozess abgeschlossen ist. Sodaasche ist nicht schädlich, es handelt sich hierbei lediglich um ein optisches Phänomen. Man kann Sodaasche vermeiden, indem man die Seife in der Form sofort mit Frischhaltefolie abdeckt oder mit hochprozentigem Alkohol besprüht. Ist die Sodaasche erstmal da und soll entfernt werden, kann man die Seife kurz in Wasserdampf halten oder in heißes Wasser tauchen. Ansonsten verschwindet sie auch nach dem ersten Aufschäumen.

Überfettung
Der Prozentsatz an Ölen und Fetten, die nicht von der Lauge verseift werden. Diese bleiben in der fertigen Seife erhalten und wirken angenehm rückfettend auf der Haut, sie bewirken also, dass die Seife nicht nur reinigt, sondern auch pflegt.

Verseifungszahl
Diese Kennzahl gibt an,
▶ wie viele gebundene und freie Säuren in einem Gramm des jeweiligen Fettes oder Öles enthalten sind und
▶ wieviel Milligramm Lauge nötig sind, um die freien Säuren zu neutralisieren und das Öl vollständig zu verseifen.

Über die Autorin

Schon spannend, wie ein kleiner Moment ein ganzes Leben verändern kann. Bei mir hat sich dieser Moment unter der Dusche ereignet, als mir die ganzen Kunststoffverpackungen aufgefallen sind, die bei uns im Bad stehen. Plötzlich war mir klar, dass etwas geändert werden muss, und zwar sofort.

Der erste Schritt waren handgemachte Seifen, die ich bei einer kleinen Manufaktur bestellt habe und zum Duschen verwenden wollte. Und ich war spontan begeistert, denn Duft- und Schaumerlebnis sprachen für sich! Als ich dann durch Zufall von einer Freundin erfuhr, dass man Seife auch zu Hause herstellen kann (auf diesem Weg einen herzlichen Dank an die liebe Heike!), ging es auch schon los. Und es hörte nicht mehr auf. Erst wurde nur meine Familie mit Seife versorgt, schnell kamen Freunde und Nachbarn dazu. Das Interesse war riesig und die durchweg positiven Reaktionen auf meine handgesiedete Seife haben dazu geführt, dass ich mir im Juni 2018 einen kleinen Kellerraum gemietet und ihn zu einer Siedeküche umgebaut habe. „REINLAND Seifen" war geboren.

Meine Familie war froh, meine Öle, Düfte und Seifenutensilien los zu sein. Endlich war wieder Platz im heimischen Keller, und auch die teilweise sehr intensiven Gerüche der Parfümöle haben keinen mehr belästigt. Ich war glücklich und habe neben meinem Beruf

in einer Kölner Kreativagentur angefangen, meine kleine Manufaktur weiter aufzubauen: Der Webshop reinland-seifen.de ging am 01.01.2019 online, erste Unverpacktläden haben meine Seifen in ihr Sortiment genommen und ich habe für Messen und Märkte einen professionelleren Stand entworfen.

Als ich dann den Einstieg in die Voll-Selbständigkeit plante, kamen endlich wieder meine im Marketing- und MBA-Studium erworbenen Fähigkeiten zu Themen wie Kommunikation, Unternehmensentwicklung und Prozessplanung zum Einsatz. Der Schritt in die Selbständigkeit war zwar eine logische Weiterentwicklung meiner Pläne und Träume, aber trotzdem keine leichte Entscheidung.

Doch schließlich, im Mai 2020 und mit fast 49 Jahren, wagte ich den kompletten Neuanfang: raus aus der Sicherheit, rein ins Abenteuer! Mit allen Konsequenzen, super viel Arbeit und einer riesigen Portion Spaß. Im Juni 2020 eröffnete meine neue, größere Siedeküche in oberirdischen Räumen mit kleinem Verkaufs- und Workshopraum, im September 2020 kam mein erstes Buch auf den Markt – Sie lesen gerade darin. Ich bin sehr gespannt, wie sich REINLAND Seifen entwickeln wird!

Ich hoffe, Sie hatten bis hierher schon viel Spaß beim Ausprobieren und Seifensieden! Sollten Sie noch Fragen, Anregungen oder anderes Feedback haben, melden Sie sich sehr gerne bei mir!

Ihre

Jutta Westphal

Jutta Westphal

Buchempfehlungen für Sie

Noch mehr Kreativ-Bücher zum gleichen Thema gesucht?

ISBN 978-3-7724-7172-8

ISBN 978-3-7724-4491-3

GTIN 40-07742-18118-5

ISBN 978-3-7724-4496-8

ISBN 978-3-7724-7164-3

ISBN 978-3-7724-4976-5

ISBN 978-3-7724-4500-2

ISBN 978-3-7724-7158-2

ISBN 978-3-7724-7485-9

Viele weitere Kreativ-Bücher finden Sie auf www.TOPP-kreativ.de

#TOPPPROJEKT

Die eigene Kreativität zeigen: TOPPprojekt mit anderen
Kreativen teilen und Teil der Gemeinschaft werden.

DIY-begeistert und auf Instagram?
Dann unbedingt mitmachen! Hier gibt's
Tipps und Feedback zu den eigenen
Projekten. Außerdem verlosen wir jeden
Monat ein Überraschungspaket. Um am
Gewinnspiel teilzunehmen, einfach ein Bild
vom Kreativ-Projekt aus unseren Büchern
mit #TOPPprojekt posten und unserem
Account @frechverlag folgen. Mehr Infos
auf TOPP-kreativ.de/TOPPprojekt

Mach mit beim
#TOPPprojekt

 #TOPPprojekt
@frechverlag

 ### Website
Auf TOPP-kreativ.de können Sie ein riesiges
Angebot von über 1.000 Kreativbüchern,
Sets & mehr entdecken.

 ### Newsletter
Gleich anmelden unter: TOPP-kreativ.de/
newsletter und immer als Erstes von unseren
Neuheiten und Sonderaktionen erfahren.

 ### Instagram
@frechverlag

 ### DigiBib
Hier finden Sie zusätzlich zu vielen unserer
Bücher digitale Extras, wie Video-Tutorials,
Plotter-Dateien, Vorlagen, Übungsblätter
& vieles mehr. Einfach im Impressum Ihres
TOPP-Buchs den Freischalte-Code nach-
schlagen und exklusive Inhalte freischalten.
TOPP-kreativ.de/digibib

 ### Pinterest
pinterest.com/frechverlag

 ### Facebook
facebook.com/frechverlag

Youtube
youtube.com/frechverlag

Bezugsquellen & Impressum

Viele der zum Seifensieden benötigten Materialien und Zutaten gibt es im Supermarkt, im Unverpackt-Laden und in der Apotheke. Darüber hinaus folgen hier ein paar Händler, mit denen ich zusammenarbeite und die ich empfehlen kann.

Ein herzlicher Dank gilt **Babassu for you** und **Lasoyi** für die Unterstützung mit Produkten für dieses Buch!

Babassu for you – unraffiniertes, fair gehandeltes Babassu-Öl – babassu.de

Lasoyi – reine, unraffinierte Sheabutter aus fairer Produktion und fairem Handel – lasoyi.de

Behawe – Kosmetikrohstoffe, Düfte, Zubehör – behawe.com

Dragonspice Naturwaren – Kosmetikrohstoffe, Düfte, Zubehör – dragonspice.de

Lumbinigarden – Seifenformen, Zubehör – lumbinigarden.de

Manske – Kosmetikrohstoffe, Düfte, Zubehör – manske-shop.com

MRK Tools – Seifenschneider und -formen – seifenschneider-mrk-tools.com

Naissance – Öle, Fette – de.naissance.com

The Fragrancy – Parfümöle, ätherische Öle, Zubehör – fragrancy.de

FOTOS: Marc Bender: S. 17, 20, 23 (jeweils alle); Jutta Westphal: S. 13, 73; Shutterstock: S. 25 (Michaela Warthen), 26 (id-art), 28 (beats1); alle übrigen Fotos: lichtpunkt, Michael Ruder, Stuttgart
ILLUSTRATIONEN: freepik
LEKTORAT UND PRODUKTMANAGEMENT: Stephanie Iber
COVERGESTALTUNG: Sandra Preinl
LAYOUT UND HERSTELLUNG: Jessica Siebert
SATZ: Ortrud Müller, Die Buchmacher – Atelier für Buchgestaltung, Köln
DRUCK UND BINDUNG: Livonia Print SIA, Lettland

FSC® MIX Papier aus verantwortungsvollen Quellen FSC® C002795 www.fsc.org

3. Auflage 2010
© 2020 frechverlag GmbH, Turbinenstraße 7, 70499 Stuttgart
ISBN 978-3-7724-4493-7 • Best.-Nr. 4493